宁夏医科大学特殊人才启动项目资助

民国时期的西北开发与新西北思想研究

马红艳 著

黄河出版传媒集团
宁夏人民出版社

图书在版编目(CIP)数据

民国时期的西北开发与新西北思想研究 / 马红艳著 .
— 银川 ： 宁夏人民出版社，2016. 5
ISBN 978-7-227-06346-9

I . ①民… II . ①马… III . ①区域经济发展—研究—西北地区—民国 IV. ① F129. 6

中国版本图书馆 CIP 数据核字（2016）第 116760 号

民国时期的西北开发与新西北思想研究 马红艳 著

责任编辑 周淑芸
封面设计 沈家菡
责任印制 肖 艳

黄河出版传媒集团
宁夏人民出版社 出版发行

出 版 人 王杨宝
地 址 宁夏银川市北京东路 139 号出版大厦(750001)
网 址 http://www.nxpph.com http://www.yrpubm.com
网上书店 http://shop126547358.taobao.com http://www.hh-book.com
电子信箱 nxrmcbs@126.com renminshe@yrpubm.com
邮购电话 0951-5052104 5019391
经 销 全国新华书店
印刷装订 宁夏精捷彩色印务有限公司
印刷委托书号 （宁）0001826

开本 720 mm×980 mm 1/16
印张 13.5 字数 200 千字
版次 2016 年 11 月第 1 版
印次 2016 年 11 月第 1 次印刷
书号 ISBN 978-7-227-06346-9/F·453
定价 30.00 元

摘　要

本书所选的报刊是民国时期在西北开发中所创办的，其以忧思和迫切的基调反映了西北开发的时代内容，也以其特有的功能形成了并传播着建设新西北的思想。

西北是中华民族的发源地，曾有过辉煌和灿烂的历史。历史发展到近代，西北成为一个封闭和落后的地区，交通梗塞，经济凋敝，文化教育不昌，土匪横行，军阀官僚跋扈，各种自然灾害屡屡发生，其破败的社会和难以为继的西北民众令人扼腕；西北又是重要的，有丰富的矿产可资开采，有广阔的土地可以移垦，有朴实勇敢的民众可以发展西北。其经济的发展与否制约着中国国民经济的发展程度，其文化的发展与否也关系到中国整个文化的健康和完整，其绵长的脆弱的边防线关系到中华民族生死存亡，其严重的民族问题成为中国分裂的潜在危险，尤其在抗战时期，西北是抗战的大后方，是建国的根据地，这一切都把西北推到了时代的前沿，西北开发的呼声不绝于耳。在 20 世纪 30～40 年代西北开发的这一历史背景之下，各种建设新西北的思想通过西北报刊传播开来，兴起了一股开发西北和建设新西北的思潮。

本书以民国时期的西北开发为背景，研究西北报刊中所反映出来的建设新西北的思想。这些建设新西北的思想是作者以爱国热忱和自己的学识，运用当时最先进的理论和方法来设计和规划西北的建设，希望把西北建设成现代化的新的社会，并成为中国发展和崛起的桥头堡。这样西北社会的落后面貌不仅可以得到改进，而且中国的前途命运也将得到改观，走向富强和发展。这些建设新西北的思想所设计的范围是十分广阔而深刻的，既有经济建设方面的内容，如农林牧、交通、金融、垦殖等等，还包括对西北社会方面的思想，如改革西北的政治，发展西北的教育，改善西北的民族关系以及恢复和建设西北的文化。这些建设新西北的思想有一些对今天的西部大开发具有借鉴的意义，而其中关于建设现代化的思想仍在践行当中。

目录 CONTENTS

导　论

民国时期，西北报刊对建设新西北的认识有其特定的时代背景和内容，现就其一些概念的界定、本书的意义和研究方法逐一陈述。

一、西北、新西北、新西北思想及其他概念和范围的界定

首先，西北，就其概念和含义来讲，可以从地理方位、经济区域和行政区划三个方面来说明。同时，西北在历史上是一个变化的概念，在不同的时期具有不同的含义。从地理方位来说，西北最早在秦朝时期形成与东南相对的概念。西北东自龙门，南连西藏，北达蒙古。西北的范围西端起于东经 73°26′，东端约止于 111°15′，南端约起于北纬 31°7′，北端约止于 49°10′。东西两端相距约 37°49′，南北两端相距约 18°3′。若以自然地理意义来划分，西北的界限，西南界，起于帕米尔高原，沿昆仑山脉东下，经阿尔金山、巴颜喀拉山、岷山山脉、秦岭山脉而达潼关，大致来说，昆仑山为其西段，秦岭为其东段。西北界，可分为两段，南段为葱岭、廓克沙鲁里山、汗腾格里山，都是高大的山脉；北段为中俄的国界，有汗腾格里山、伊犁河谷、阿拉套山、准格尔门（阿敏流域）、塔尔巴哈台岭、额尔齐斯河河谷及奎屯山，此段可谓“逢山断山，逢谷断谷”。东北界，起于奎屯，沿阿尔泰山东南行，南部进入蒙古高原，再隆起使为古尔班察汗山，奎拉山经狼山西北部、宁夏北边、鄂尔多斯草原，而达陕北山地。①从经济的角度看，西北为一个独立的经济区域。地理环境决定了西北的气候特征，使西北的经济也呈现出区域经济的特点。西北是历史上形成的一个天然经济区，经过漫长的历史演变和历代政府的开发，西北不仅形成了

①毅　人. 西北的范畴与亟应纠正对西北的几个观点. 西北论衡，1939，7(21)：3

肥沃的农耕区，也有辽阔和丰富的畜牧业地区。这种多类型的经济结构，既是西北经济的特点，也成为限制西北经济发展的障碍。因此，对西北的经济开发和建设就要扬长避短，合理发展。从行政区划的角度来看，西北是一个变化的概念。秦朝，其在西北的统治，除陕西外，还在甘肃设立了北地、陇西二郡。但当时甘肃的河西、宁夏大部和青海、新疆还不属于秦王朝的统辖。汉朝时期，在甘肃设立了酒泉、武威、张掖、敦煌四郡，同时对青海也实施有效的管辖，并积极经营西域。西域都护的设置，标志着西汉对西域统治的完全确立。唐朝时期，在西域设立安西都护府，并积极经营甘肃地区。以后各朝都积极经营西北，至 1884 年，新疆设省，甘、新两省分治。这样中央王朝对西北边陲以及其他的地方都能进行有效的管理和开发，对于保卫边疆，具有十分重要的作用。民国时期，西北的行政区划进行了调整，1929 年 1 月，青海省建置，治设西宁，将甘肃省西宁道辖属的西宁、大通、乐都、循化、巴燕、丹噶尔、贵德等地划归青海管辖。1929 年 1 月，宁夏建省，划甘肃省宁夏道各县和阿拉善、额济纳旗为宁夏管辖。自此西北五省的行政区划业已形成，包括陕甘宁青新五省(当时的西北还包括内蒙古的绥远地区)。“可以看出西北地区这一概念的形成，是经历了一个漫长的历史演变过程。在这一过程中，中国西北五省区在政治、经济、文化等方面的联系日趋紧密，并日益显示出了一体化的功能。”①

新西北，民国时期对西北的开发和建设就是要把西北建设成一个现代化的地区。其中无论是国民政府，还是民间团体或个人，都从时代的要求出发，利用西方现代的科学技术开发和建设西北的经济，用西方先进的社会制度和价值理念改造西北，以期使西北进入一个新的阶段，即富强的现代化的西北社会。

新西北思想，就是与传统的建设西北思想相对的观念，即新西北思想是建设现代化的西北、面向大众的思想。这时对西北的建设不再是封建统治阶

---

①魏永理主编.中国西北近代开发史.兰州：甘肃人民出版社，1993，8

级为了固边而采取的措施，而是中国步入近现代社会以来关注当下，着眼未来，建设一个现代化新西北的思想。民国时期，新西北思想在西北报刊中有全面和深刻的反映。这次的西北开发是一次全面的对西北认识和开发的活动。在实践上，西北开发取得的实效很有限，但在理论上，对西北开发的认识是丰富而深刻的。所以，新西北思想以西北报刊为载体，向人们展示民国时期建设一个新西北的认识和观念，一方面，建设新西北就是以科学的方法和技术发展西北的经济，促进西北经济的发展；另一方面就是利用西方社会的现代价值观念和制度建设西北社会，使西北社会成为一个平等、民主和法制的先进社会。正因为如此，其用西方先进的理论和思想规划与设计西北社会发展的前景更具有前瞻性，也为今日的西部大开发提供理论借鉴和实践经验，所以，新西北思想仍具有现实意义。

其次，对西北报刊的界定。民国时期，为了宣传和支持西北开发，针对西北开发和建设兴办了许多报刊。所谓西北报刊就是研究西北社会的刊物，由于习惯用法而称之为报刊。这一时期，有关研究和建设西北的报刊很多，如《新西北月刊》《西北研究》《西北晨钟》《西北》《新西北》《西北论衡》《新亚细亚》《开发西北》《西北周刊》《西北问题周刊》等等。但本书所用的报刊主要有《新西北》（上海）、《新西北》（河南）、《西北研究》《新西北月刊》《西北论衡》《西北晨钟》。本书所选的报刊有以下几种：一是从时间来看，有“九一八”后到抗战前的报刊，如上海在1932年创办的《新西北》和1933年河南创办的《新西北》，还有抗战时期创建的报刊，有《新西北月刊》（1939～1944）、《西北研究》（1939～1943）、《西北论衡》（1939～1944）和《西北晨钟》。这些报刊在不同的时期所关注的重点是不一样的，其内容随着中国的主要社会矛盾而有所调整。如抗战前的西北报刊多以理论见长，其多为对西北社会落后的忧思和针对政府对西北态度的批评，建议西北社会应如何开发和建设，政府在开发西北中的作用，提出西北人在西北开发之中应扮演积极的角色，等等。抗战时期的报刊主要是以建设西北为主，通过对西北的开发和建设，为抗战贡献人力和物质，其思想主旨是建设西北的紧迫性。二是有关开发西北的报刊很多，但是由于时间比较久或研究的地域特征等原因，西北报刊不可能全部保存下来，即便是一类期刊也无法找全，所以本书所选的报刊就以以上几种为主。尽管门类不全，但关于建设新西北的内容几乎面面俱到，其中对西北的论述和研究也是很深刻的，大体上代表了当时的基本面貌。当然，这对于从出版的角度研究西北报刊或思想的全面性上来说，也留下了若干的缺憾。

最后，对民国时期西北开发时间的界定。本书所确定的研究时段是20世纪30~40年代的西北开发。一方面这时中国面临的危机十分严重，使西北开发的呼声不绝于耳，掀起了两次开发西北的高潮，所以，有关西北开发和建设的思想内容很丰富，既有时代特色，如有抗击日本侵略者的内容，也具有当时最先进的或科学的思想和理论；另一方面是西北报刊在这一时期纷纷创办，有关建设新西北的思想层出不穷，形成了建设新西北的思潮，也使新西北思想具有了新时代的内涵。

二、本书的意义及研究思路

(一)意义

因西北开发而创建的西北报刊不仅是研究民国时期西北开发的资料，其中关于建设新西北的思想更有研究的前景。所以，在西北开发的大背景之下研究新西北思想具有历史和现实的意义。

首先，以一个新的视角研究西北开发的社会背景。以往对民国时期西北开发的研究多为对西北开发活动的研究，而本书则立足对西北报刊中关于建设新西北思想的研究。这是一个广阔而丰富的领域，不仅有政治家、思想家、著名学者的思想，还有民间关注西北和中国命运的有识之士的思想，他们从各自的角度和研究领域来论述建设新西北的设想，使建设新西北的思想更具有时代特征，而且大众化。通过对新西北思想的研究来透视当时中国社会和西北的历史现实，如从对当时西北民族和种族概念的提出和论证中，我们看到在西北地区如何区分民族和种族，为何要提出这一概念的社会历史背景。所以，这一研究的视角不仅是关于西北开发的研究，而且也为认识西北提供了一个更大的视域。

其次，对西北社会而言，新西北思想起到了“启蒙”的作用。在西北开发之前，西北对于内地的人来说是荒凉和贫困的代名词，西北社会现状如何，西北发展前景如何，没有人去关心。近代社会的先进观念和制度也无从传播到西北，西北愈封闭就愈贫穷，愈贫穷就愈封闭，形成恶性循环。西北报刊对西北的宣传使国人了解到西北之辽阔、西北之伟大、西北之重要和西北之富有。对于如何建设西北和西北将要成为什么样子，给关注西北和研究西北的有识之士留下了很大的空间。他们用当时最前沿、最先进的知识和理论来设计新西北的经济建设和制度建设的方方面面。所以，建设新西北的思想成为西北和内地沟通的渠道，是时代的思潮和西北社会与内地第一次近距离的接触，也就是说其对于西北社会或西北民众来说更富有时代气息，是一次近代思想的“启蒙”。同时，建设新西北的思想在民国时期也有若干实践，取得了不小的成效，其对西北民众思想观念的改变和进步来说更为直接。尤其在民族危亡之际，这些思想起到了凝聚民心和爱国情感的作用，使人们改变了对西北的成见，投身到西北开发和建设之中，积极支持抗战。这些对西北的宣传和建设新西北思想的传播，为西北以后的开发和建设打好了思想基础。

最后，建设新西北思想的现实意义。西北开发的活动在中国的历史上从未断过，只不过其开发的时代和目的不同罢了。21 世纪的西部大开发作为中央重要的战略部署，成为研究者和民众关注的焦点。这也促成人们对西北以及西北开发历史的关注和研究，而 20 世纪 30 ~ 40 年代的西北开发活动和建设新西北的思想为今日之西部大开发的作用有以下两点：一是借鉴的作用。民国时期建设新西北的思想是十分丰富的，“这些政策思想资料反映了人们对于近代西部开发的必要性、战略、模式、步骤、措施与途径的探索历程，其中蕴含着极富创建与科学性的设想和极具操作性政策建议。”[①]这些真

①程 霖，王 昉，张 薇.中国近代开发西部的思想与政策研究(1840—1949).上海：上海人民出版社，2007，2

知灼见，如专门从事某一方面研究的专家在西北进行实地考察后提出的建设新西北的思想，对今日的西部大开发来说也具有借鉴的作用。同时，由于时代的原因，一些建设新西北的思想在今日看来是落后的和不合适的，因此要从中吸取经验，取可资借鉴的，弃之无用的。二是不断践行的新西北思想。民国时期建设新西北的思想是面向未来的，其关于用进步的科学技术和制度建设现代化西北的主旨思想与今天西部大开发的思想是一致的。尽管两者开发西北的前提不一致，但其目的都是改变西北的落后面貌，改善西北人民的生活并使西北的社会发展程度与内地一样，有平等的发展机会和达到平等的地位。所以，关于建设新西北的思想在今天仍然在不断的践行之中，只不过其规模更大，达到的程度更高。

（二）研究思路

由于本书研究的是民国时期西北报刊中国人和政府开发及建设西北的思想，因此研究的重点主要放在对新西北建设的认识上，即思想研究，而不是纯粹研究西北开发的活动。建设新西北思想是本书的重点，包括经济思想和社会思想。这里既有对建设新西北的认识方面的内容，也有当时的建设成果，以此来说明当时的新西北思想对西北开发的指导和现实意义。尽管建设新西北的思想还是以经济建设为主，如发展农业、畜牧业、林业、移民垦殖、工矿业以及交通方面，但是其对西北社会建设的思想也是十分丰富和深刻的，因此，本书把政治、教育、民族、文化等列入社会思想方面，以期对新西北思想有一个全面的认识。同时，关于建设新西北的思想不仅包括民众的思想，还包括国民政府的思想，国民政府组织的西北考察团、建设西北的提案以及政府官员在西北报刊上发表的文章，都是对新西北思想的丰富和完善，这也是民国时期西北开发的特点。第一章、第二章和第三章，主要论述西北开发和新西北思想形成的背景、西北开发及西北开发的思潮、新西北思想形成和传播的载体即西北报刊的功能和西北报刊与新西北思想的关系。这些构成了新西北思想形成的知识背景、思潮背景和社会背景，旨在指出西北开发的重要性和迫切性。第六章论述了新西北思想的内涵，通过对新西北思想特点的分析和意义的认识，指出民国时期的新西北思想是面向世界、建设现代化的西北、面向未来不断践行的思想。通过分析新西北思想，使其历史意义和现实意义凸显出来。

三、研究现状和方法

（一）研究现状

研究民国时期西北开发活动的文章比较多，这些文章有的从时间跨度上研究西北开发，有的从动机上研究西北开发，有的或从经济的角度或从经济的某一个方面论述西北开发的原因、西北开发的建设以及成效。研究重点在西北开发的过程。由于各种因素，西北开发和建设在民国时期是不可能取得多大的成就的，因西北开发而创立的西北报刊成为笔者论述西北开发活动的主要资料来源，这是研究西北开发的一个视角。从思想的角度研究民国时期西北开发的专著和论文有程霖、王昉、张薇的《中国近代开发西部的思想与政策研究（1840—1949）》（2007），尚季芳《试论国民政府时期开发西北的思想主张》（2003）。从报刊的角度研究西北开发的文章有杨丽萍的《1927～1937年知识分子开发西北的主张》（2003）、宗玉梅《20世纪30年代报刊媒介与西北开发》（2005）和贾晓慧、华道云的《〈大公报〉与20世纪30年代西北开发》（2002）。而以西北报刊为中心研究建设新西北思想方面的文章是没有的。民国时期创办的西北报刊数量很多，其关于建设新西北的思想资料十分丰富，而且自成系统，并具有很大的研究前景，这也是本书最大的特点。

（二）研究方法

本书所选的研究对象是民国时期西北报刊中建设新西北的思想，所采用的研究方法有以下几点：首先，历史的方法。尽管本书的着眼点在对建设新西北的认识上，以思想为主，但是，只有把这一思想放在当时的历史背景下去认识才会更深刻。因此，从历史研究的角度去认识、分析和研究这一思想产生的原因和脉络，而所用的方法和理论也是历史的方法和理论。其次，实践和认识相结合的方法。在本书写作之中，不仅从认识方面去研究新西北思想，同时还从西北开发所取得的成果中去印证西北开发思想的现实意义。

实际上有些关于西北开发的文章是对实践活动的认识或批评，以便从更高的层次建设西北。最后,整体和局部的统一。在本书的写作过程中,全文是一个系统的整体。同时,有关建设新西北的思想认识的各章节写作时也使之成为一个整体,这样以求全书的统一和全面。

第一章　民国时期西北的社会环境

民国时期的西北开发是在一系列的内外社会矛盾交织的情景下提出来并展开的。自近代以来，中国面临着严重的民族危机，社会的落后，严重地影响了中国与外国列强在经济、军事等方面的抗衡，遥远的西北社会矛盾则更为严峻，发展十分滞后。在这种背景下，国民政府和社会团体发出了开发和建设西北呼声，掀起了全国性的建设新西北的高潮。

第一节　近代以来西北社会的现状

近代以来，西北的社会矛盾十分严重，并引发了一系列的社会问题。清末，发生了几次大规模的农民起义，尤其是陕甘两省的回民起义，使西北经济凋敝，人口骤减。陕西回民起义被镇压后，“地方凋敝，甚于东南”①。陕西所辖的七府、五直隶州绝大多数遭到了战争的严重破坏，全省土地大部废耕。甘肃“变乱十余年，被祸惨烈，甲于天下”②。该省原系“耕与牧交资”之区，经过动乱，“牛羊尽矣！”③“回产既无人耕牧，汉产亦多荒芜”④。新疆地区，水利

---

①续修陕西省通志.卷178.纪事十二，1

②王树相等.新疆图志.奏议二，4

③平定关陇纪略.卷13下，3

④左宗棠.书牍·家书卷上，75.见：程　霖，王　昉，张　薇.中国近代开发西部的思想与政策研究(1840—1949).上海：上海人民出版社，2007，22

失修，农业凋敝，商旅裹足，民间元气“凋耗尽矣！”[①]到了民国初年，中国进入了军阀争夺的混乱状态，“吾人仍醉心于霸占中原或盘踞东南，或满是封建的英雄思想”。军阀混战，使中国的“政治濒于破产，社会秩序日益紊乱”[②]。没有一个统一的强有力的政府使中国的政治走上正轨，中国的前途令人堪忧。在这种情况下，西北成为一个无人顾及、政府漠视的独立封闭的区域，自生自灭。

一、自然灾害频发

地理环境和气候条件决定了西北气候严寒，少雨多旱。一遇灾荒，则人逃地荒，或人口大减。尤其是1928年前后的大灾荒在中国灾害史上也是空前的，造成了“凶岁连年，五谷不登，旧有储藏，早被兵匪搜索尽净，死者暴尸遍野，生者嗷嗷待哺，壮者散之四方，幼者鬻诸邻省，许多村舍为墟，伤心惨目，不忍睹闻”[③]。大灾害一直延续到1930年。当时一名美国人应北平国际救灾委员会的邀请，调查甘肃的灾情。他来到一个曾经来过的小村庄，看到由于旱灾，那里的“居民不过仅有原来的五分之一，并且都是走着的骨架子”。而一路行来，路上到处都是由于饥饿而死亡的人。与旱灾同时出现的是，在兰州“又以伤寒病和饥饿热病的发生，更形紧张”，“夫路上和市街上，无处不是死尸枕藉”。在饥饿和疾病之下，死亡的人数每日达“二百之多”。[④]

自然灾害和疫病的频发使西北更趋衰败，但是自然灾害频发也是由人祸造成的。西北自然环境历来如此，西北人民在丰年多储备粮食，以备荒年之用，这种自救的办法可以减少自然灾害对西北社会秩序的破坏和

①曾问吾.中国经营西域史，401.见：程 霖，王 昉，张 薇.中国近代开发西部的思想与政策研究(1840—1949).上海：上海人民出版社，2007，22

②赵三纲.开发西北之重大性.新西北创刊号(河南)，1933：3

③马鹤天.开发西北之两大问题.新西北，1932，1(3、4合)：4

④Finery.Andrew.中国西北死亡的侦察.乔海清译.新西北创刊号(河南)，1933：21～22

西北社会各方面的破产。但是，自近代以来，由于匪患、兵患的掠夺，以及多如牛毛的苛捐杂税，西北人民已没有余粮应对灾荒。“西北各地近年来遭空前浩劫，死亡达数百万人。非仅缘天灾，亦实由人祸。”①同时，西北各地的军阀为了筹集军饷，强迫人民种植鸦片，致使西北产粮之沃田遍种罂粟，造成丰年人民种的粮食仅够当年食用，一遇灾年，自然就家破人亡，或造成西北社会破产的惨局。“人民苦于无业，只好投身兵役，以图糊口。匪众则盗烟愈炽，烧杀抢掠，无地不有，嗷嗷孑遗，不堪其苦之际，必铤而走险，此所以兵愈裁而愈多，匪愈剿而愈众也。”②西北社会就这样处于恶性循环之中，其残破使人不忍目睹。

二、军阀和政客对西北的武力统治与经济剥削

清末民国初，西北成为军阀盘踞之地。军阀们各自为政，欺压和盘剥西北各民族，“所以，西北的政治，历年多为军阀暴力所掠夺，只知尽量搜刮，敲骨吸髓，民间生活，日益苦痛。人民对外来之政客，视若蛇蝎，畏尔逃之”③。西北的军阀，一方面，对西北人民的经济剥削是十分严苛的。他们在统辖范围内，随意设立各种名目的苛捐杂税，随时随地剥削人民。“西北军阀的苛求暴取，更令人触目惊心。不但田赋的预征，且于征收赋税之时，巧立名目，加以附捐，以苦民众，种种附捐，虽皆借名教育建设等费，但实质皆为供给土匪军队之用，人计其附捐之名目，共有数十种之多，而苛税的繁多，尤为人所未闻，虽做小生意者，亦须计日抽税——担税每日三角至五角——广大的民众只有蛰伏在乌烟瘴气，终年整日的呻吟于他们的铁蹄之下。”④另一方面，军阀对西北人民实施武力镇压。为了维护其统治，军阀们对西北人民动辄吊打，

①云　青.开发西北之先决问题.新西北(上海)，1932，1(3、4合)：3

②赵三纲.开发西北之重大性.新西北创刊号(河南)，1933：5

③郭维屏.开发西北谭.新西北(上海)，1932，1(3、4合)：13

④李柏青.西北青年今后应负的责任.新西北(上海)，1932，1(3、4合)：27

或处以极刑，以残酷的刑罚压迫西北人民。在灾年，“乡曲数十里，不见人烟，城市多成荒墟”，而“官僚军阀的剥削，仍旧是未尝一日稍息”[①]。下面一段关于甘肃的论述可概知西北社会的现状。

其军队之复杂，远非他省所可比。据本年(1932年)十二月三日《申报》所载兰州通信的统计，甘肃现在的军队，有六个师，二个独立旅，三路游击司令，一路警备司令，及所谓干部学校补习大队等等。最少当有九万五千人。以甘肃全省人口六百二十万计算，平均每六十五人须养一兵，估计每一兵之饷项给养服装军械诸费，每年最少需洋一百五十元，是人民之负担，已平均每人每年二元三角矣。再加马匹一项，除甘肃骑兵第一师全部骑兵外，其他部队之马匹，若以人数十分之三计算(甘肃军队中之骑兵，较中原各省之军队为多)，则当共有马三万三千余匹。每马每日需给养洋四角，则一日需洋一万三千二百元，一年需洋四百八十一万八千元，每人又需负担八角。故只军费一项，共计每人须负担三元一角。每年全省应支军费，已超过一千八百万元以上。虽经主其事者一再缩减，然各部队除向省府支取八百六十五万余元外，所差之数，将近千万，完全直接取于农民，不容缺欠毫厘，是农民实际所出之粮赋仅二百二十万元，而直接供给军队之费用，则四倍半于粮赋。良以甘肃军队，不惟数目太多，又纯为无系统无纪律及不集中的军队。某军驻扎某处，其驻军即完全视其防地为自己势力范围，派款提款，随心所欲。稍不如意，则蹂躏逼勒，无所不用其极。人民卖妻鬻子，以填其欲壑。如今年全省六十六县中，被旱、雹、虫、霜，以及各种天灾者五十余县，米谷食量。产量原不足用。以理度之，粮价当然抬高，乃事实适得其反，陇南陇东一带各县，粮虽歉收，其粮价不惟不高，反日趋于下。虽贱价犹不得买主。就其原因，一由于土匪横行，人民疲于奔命，虽有少些食量，储之不可，携之不能，故不得不廉价出售。一由于军队逼迫勒索，人民畏其淫威，虽食量不足应用，仍不能忍痛

①李柏青.西北青年今后应负的责任.新西北(上海),1932,1(3、4合):26

出售,以济燃煤之急。故粮价极低,仍无销路。然此两种原因,后者尤甚于前,盖匪患不过一时的现象,而驻军则为永久的祸患,致人民求生不得,求死不可,终年如在荆棘丛中也。①

统治西北的外来政客对西北的盘剥,尤为严重。他们认为"西北某地属肥缺,不佞如去,大可展吾抱负;某地虽窘,而边鄙寡闻,故可予取予求,亦值往焉"②。他们到了西北就以贪剥为目的,不图发展和建设西北,致使西北更为乌烟瘴气。同时,他们在官吏的任免上皆以同乡为用,不管其是否有能力担起此责任,这样的官吏在任上,就意味着西北人民灾难的到来。如,甘肃的政治多年来为外地政客所把持,清末时期统治甘肃的是总督长庚和升允,"继起者为赵维熙、张炳华、张广建、陆洪涛及冯玉祥部将刘郁芬、孙连仲等,皆拥兵宰割,如一丘一貉,前后凡二十年。"③他们拉帮结派,自任官吏,"敲土著人民之骨髓,吸土著人民之血汗。饿殍盈野,反迫饥民送军粮,死亡载道,而强拉壮年充战士,他如强种罂花,催索巨款,不恤民命。"④

挑拨民族矛盾。西北是一个多民族居住的地区,各民族之间语言不通,信仰各异,民族间的冲突时有。官府或西北的统治者不仅不去解决和化解民族矛盾,而是不断地利用复杂的民族关系挑起民族矛盾,而自己却坐收渔翁之利,以达到对西北各民族的统治。清末统治者采取"以回制汉""以汉制回"或"以回制回"的政策造成了大规模的回民起义,使西北社会一片残败,使西北各民族之间的矛盾更深。下面的一段话可以看出西北的政客们对各民族关系实施的挑拨之法。

---

①何景元.西北问题的严重性.新西北(上海),1932,1(3、4合):23

②冯绳武."西北"释义.西北论衡,1943,11(2):8

③杨作荣.甘肃政治建设之途径.新西北创刊号(上海),1932:22

④田炯锦.开发西北声中西北居民应有之努力.新西北创刊号(上海),1932:15

清末革命党人到处活动,甘督长庚、升允虑汉人响应,又用"以回制汉"之策,马鸿宾等在宁夏残败。起义会党遂又造成回军势力。民国以来,甘督赵维熙、张炳华沿用之。张广建督甘又虑回军势大,同时又惧汉人之反抗,又定"回以制汉""以回制回"之策,增加西宁镇马麒、宁夏镇马鸿宾等部之势力,以资抵抗马安良一派,从此回军势力日见雄厚。民国十三年陆洪涛督甘时,回汉两方势力臻于平衡,而本省(甘肃)汉人拥有军权仅陇东张兆钾、河州镇裴建准,余皆为张广建旧部。汉族军有:河州镇,裴建准;肃州镇,吴桐仁;陇南镇,孔繁锦;陇东镇,张兆钾。回族军有:宁夏镇,马鸿宾和马鸿逵;西宁镇,马麒;凉州镇,马廷勷;甘州镇,马玉清。①

1926年,冯玉祥进入甘肃,开始消除其对手,"在汉人武力翦除殆尽,乃渐及于回,为达到制回的目的,冯军复采用回汉相克之策,排拨感情,使之相屠杀,彼则坐收渔人之利"。长久以来,西北社会处于动荡不安之中,其"死气沉沉,无声无息徒有死般的寂静,社会、经济、教育等等未见丝毫的建树"②。西北地区成为军阀和外地政客任意蹂躏和实现其野心的地方,西北人民的生命财产任其取夺。西北地方的社会矛盾、民族矛盾十分严重。

西北地区也是土匪猖獗的地方。一方面,自然灾害造成大量的难民,为求生存而沦落为土匪。在十年九旱的西北地区,土匪的数量只能在不断地增加。另一方面,西北地区是一个远离中央的偏远地区,再加上国民政府对西北的漠视,西北成为土匪猖獗的风水宝地。在匪患的侵扰和掠夺之下,西北人民的生路几乎断绝。

三、无序的西北社会

在军阀和政客各自为政并以自肥为目的的武力压迫与经济剥削之下,

①杨作荣.甘肃政治建设之途径.新西北创刊号(上海),1932:26

②杨作荣.甘肃政治建设之途径.新西北创刊号(上海),1932:23

西北社会混乱不已，秩序紊乱，政治不上轨道。军阀和政客随意制定剥削政策和税收制度，对西北人民具有生死予夺的大权。同时，西北地区交通不便，人民知识落后，这就造成了西北各民族只知地方当局，不知中央政府。中央的政令也无法在西北实施开来，更不会产生效用，反而成为西北地方政客和军阀的工具，以达到挟持对方和统治西北的目的。政客和军阀在西北实施愚民政策，使近代社会先进的制度和思想无法传播进来，以利于他们在西北长久地统治下去。

在这种情况之下，"西北各地之秩序，依旧纷乱，到处有土匪，而有军权者，争收编之以扩充实力。农村经济破产，人民视当匪为升官捷径，故土匪愈收编愈多，人民愈不能安全。"[①]

总之，天灾和人祸，以及严重的社会矛盾和民族问题，造成西北社会秩序紊乱，经济凋敝，文化落后，人口减少，其发展远远地落后于时代。

第二节　西北社会发展的滞后

民国时期，中国内地有了很大的发展，而西北则由于被历代政府视为荒僻之地，不事经营，造成政府"这几年对西北毫无办法，情形隔膜不悉"[②]。由于政府对西北的漠视和不管不顾，使"每一次中央政局的变迁，都随着少数人的感情和意志，政府的用人，差不多是以私人的关系为标准……自然西北方面，是因为在中央没有几个强有力的人物，因此中央政府，是不会注意到西北的经济建设、政治改善，西北的天灾让它尽量地扩大，西北的新军阀割据地方，剥削民众，让它尽量地盘踞和剥削，西北的鸦片公卖，苛征捐税，让它尽量地公卖和苛征"[③]。再加上自身情况，如自然环境恶劣、交通不便、政治

①云　青.开发西北之先决问题.新西北（上海），1932，1（3、4合）：2

②云　青.开发西北之先决问题.新西北（上海），1932，1（3、4合）：3

③刘传中.西北的青年应该怎样.新西北（上海），1932，1（3、4合）：16

的不明朗等，严重影响了西北社会的发展。

一、社会生产力十分低下

西北社会的落后和经济发展的不平衡，在于社会生产力十分落后。构成生产力的生产者和生产工具在西北都成为其发展的主要障碍。从生产者来说，西北的人口在不断地减少。一是自然灾害引起西北人口的锐减。如1928年前后的灾荒，陕西“人口减少了百分之三十，在这百分之三十中，存在百分之十是跑出陕西的境界以求生，百分之五是因为饥寒致病而死亡，百分之十五是完全饿死的”①。这次旱灾波及西北各省，再加上瘟疫，卫生条件差，人口大为减少。二是西北的统治者和军阀混战，造成西北人口的逃离和减少。由于西北地处偏远，中央政府鞭长莫及，于是内地去的官吏“亦无诚心服务边疆之志趣。滔滔者皆欲饱载而归，借以所得回到内地享受优越之物质生活”②。他们到任后，如新疆的官员“无一不贪，且无一不枉法，胡作非为，贿赂公行，一为官吏，即可杀人放火，无法无天……官吏所为者皆法律，官吏所行者皆自由。人民受压迫之深，古无前例。余经过吐鲁番、哈密大道，尸体纵横道左，数可过千，多半腐烂，臭不可闻……新省历来首要官吏，皆嗜杀人”③。三是西北地区的民族屠杀造成大量人口的死亡。西北的民族问题十分严重，民族仇杀不断。下面的一段话是论述西北边疆人口减少的原因，这也可以看出西北人口减少的原因和数量：“可知边疆数千万之人口，而历年因不讲卫生，医药缺乏，死于疫病、疟疾、天花、花柳病者，成千累万；因政治黑暗，官吏贪污，而民穷财困，死于颠沛流离中者，其数又以百万计；复以边地喇嘛教盛行，喇嘛教徒数百万，对于边民人口之繁殖，亦大受影响；又加以边疆交通不便，财源未开，遇灾荒，死者累累。综此诸因，致蒙古民族在清初尚有一千二百万，至

①刘传中.西北的青年应该怎样.新西北(上海)，1932，1(3、4合)：16

②郭维民.边疆人口减少之原因.西北论衡，1942，10(5)：11

③郭维民.边疆人口减少之原因.西北论衡，1942，10(5)：6

今减少到三分之二，仅余四百余万……其他少数边民人口之减，亦年甚一年。”[1]同时，西北各少数民族人口的减少，也与“边民仇杀之风，不无关系也”[2]。人口的减少，使大量的耕地荒弃，也使西北的经济凋敝，社会破败不堪，西北社会其他方面的发展也跟不上时代的步伐。而更为严重的是，人口的减少严重地影响了西北国防的安全，因为，“至于边疆人口之多寡对于国防之关系尤大。因我国边疆辽阔，各地又无国防之设备，随处皆可进兵。如边疆人口众多，则为无形的最有力的国防。”[3]

从生产工具来说，西北的生产工具是十分落后的，使用的都是些简单的、人工的生产工具。民国时期，西北地区使用的农业生产工具有：播种和收割之前的工具有犁、坎土曼、木耙、木磨、木大车等，收割和打场用的工具有镰刀、木大车、木辊、石磙、八十个脚（大圆木上钉着许多小桩的农具，用它来打落禾粒）、木叉、木扇、木箱、口袋、绳子、筛子等，粮食加工工具有水磨、手磨风车、水碓等，运输工具有木轮车、驮筐、背斗等。在农业生产中并没用使用先进的机械化的机器或提高农业产量的其他技术，所以西北的农业仍然停留在中世纪的手工操作下慢慢地发展着。西北的近代工业几乎为空白，所以对西北社会的发展起不到任何的作用。

在牧业地区，其牧场并没进行过科学管理或合理放牧，致使草场破坏严重，有的地方牧场很难恢复放牧。对畜群品种也不加改良，致使畜群的质量每况愈下，没有抵抗瘟疫或灾害的能力。在自然的、随意的放牧中，牧区社会更加落后。

二、社会发展不平衡

西北地区具有农业经济和畜牧业经济，西北有的地方处在封建社会，也

①郭维民.边疆人口减少之原因.西北论衡，1942，10（5）：14

②郭维民.边疆人口减少之原因.西北论衡，1942，10（5）：13

③郭维民.边疆人口减少之原因.西北论衡，1942，10（5）：5

有的处在农奴社会。经济的落后决定了西北社会的既得利益者，如土司、土官、头人、农牧主以及宗教寺院的上层阶级，是不愿改变这一现状的。他们是自己利益的维护者，也是西北社会发展的阻碍者。一方面，西北的社会发展是不平衡的，有的在封建社会，有的是农奴社会。西北人民的生活，尤其是牧区人民的生活之落后犹如在原始社会。所以，西北的农业区或甘肃、青海、新疆地区的游牧经济“是封建性质的。这种封建主义的游牧经济的基础是头人、牧主占有牲畜，而贫苦牧民却没有牲畜或很少有牲畜。游牧封建主义正是利用这种对牲畜的占有，来实现其对牧民的封建剥削”[①]。另一方面，西北的经济发展是不平衡的。从财产的占有来说，统治者占有绝大多数的生产资料和财产，如青海牧业的土地、牧场，绝大部分集中在封建王朝册封的蒙、藏王公，千、百户和土司的手中。农业区的土司依靠明、清两朝的册封，以恩赐的土地——公田、职田或因功赏赉的赐田，霸占了农民的大量土地，使农民随时成为属民，直接受其宰割。“牧业区为蒙、藏王公千百户霸占，他们依据册封的牧地区域，统治着所有的牧民。”[②]藏族是宗教上层占有绝大多数的财产，而且还要牧民进行无偿的劳动。如牧业区人口仅占4%的宗教上层分子及寺院僧徒，占有牧地总亩数42%，牲畜总头数39%；而占人口总数75%的贫苦牧民，占有牧地总亩数10%，牲畜总头数12%。其中70%左右的贫苦牧民，几乎一无所有。[③]如在甘南藏区，“土地集中在两种人的手里，一部分属于寺院的，像拉卜楞寺所属的十三庄及其他土地；一部分属于世袭土司的，例如卓尼设置局之下的四十八旗，都是杨土司的；有些地方的头目老人，或者老百姓，虽有私地的名义，或每部落也有共有放牧的草，但考其究竟，土地所有权，还是永久地属于寺院或土司的。”[④]他们对所管辖牧民的剥削手段有无

①新疆维吾尔自治区丛刊编辑组.哈萨克族社会历史调查.乌鲁木齐：新疆人民出版社，1987，27

②陈秉渊.马步芳家族统治青海四十年.西宁：青海人民出版社，1981，226

③陈秉渊.马步芳家族统治青海四十年.西宁：青海人民出版社，1981，227

④徐　旭.甘肃藏区畜牧社会的建设问题.新中华，1943(9)

偿劳动、地租、畜租、雇工剥削、高利贷剥削。

生产力的落后，发展的不平衡，使得西北发展缓慢地进行着。在这种情况下，西北的经济、文化、教育甚至社会习俗不仅落后于内地，更落后于西方。所以，“外人常讥笑我中华一切远在前世纪时代，其所然者，由于国人十九系‘文盲’故也。就国内言之，尝闻东南人鄙视西北为文化落后、人民知识简单幼稚之区。”[①]再加上交通落后，近代社会的物质文明和先进文化与思想，无法传到西北或者传播得很慢。就算这些先进的技术或文化传到了西北，但是也由于西北民众的文化低和传播的规模有限而对西北民众不能产生多大的影响，“西北人无此幸福享受科学之利益，故外界一切不易输入，而西北文化自必有江河日下而不能随时代而前进矣。”[②]而西北人民生活几乎是食不果腹，衣不蔽体，“但反视西北民生之苦，迥非想象所及，辽荒千里，景物萧索，村落惨败，人民疲弱，甚至成年女孩，严冬不衣不裤，其逼不得已之情可见；重以租税负担，政治压迫，经济剥削，奄奄待毙。”[③]西北社会在各个方面的发展滞后，令人忧思，因为西北的地位之重要使国人不得不重新审视西北的发展。

第三节　西北在中国的地位之重要

西北是中华民族及中国文化的发源地，西北在中国的地位十分重要，尤其是进入近代后，愈发凸显。

一、国防地位

“近代国家的建设，当以国防为重心，不当专就经济价值上立论。建设不

①康问之.由自然环境于国家与民族说到西北文化落后之原因.新西北创刊号(上海)，1932：25

②康问之.由自然环境于国家与民族说到西北文化落后之原因.新西北创刊号(上海)，1932：27

③编　者.正确认识西北经济建设问题.新西北月刊，1939，1(5)：2

以国防为重心,建设便不会成为自己的。"[①]没有强大的国防,敌人可以轻易地进入国内,到时一切不会为己有。从地理上来看,西北"外蒙横亘漠北,为察绥、宁夏之屏藩,北抗苏俄,惟蒙是赖。新疆蹲踞西北,形式亦异常重要"[②]。左宗棠对新疆在国防上的重要性有深刻的认识,其言:"重新疆者所以保蒙古,保蒙古者所以卫京师——北平,西北臂指相连,形势完整,自无隙可乘,若新疆不固,蒙古不安,非特甘陕山西各边时虞侵轶,即直北关山,亦将无晏眠之日。"[③]苏俄是我国西北国防安全最大的威胁,其对中国西北的觊觎从未放弃过。"九一八"后,日本占领了东北,国人开始从国防的角度来审视西北,认为西北在国防上的地位十分重要。一是西北的国防地位比东北更为重要。日本占领了东三省后,又把侵略的目标指向了华北,国人及国民政府均认识到民族危机之严重。从巩固国防出发,认为西北的地位比东北更为重要。西北有绵长的空虚的边防线,同时又居住着众多的少数民族。敌人可以通过西北边防,朝发夕至,又可以挑起民族争端以达到分裂中国的目的。一旦西北被侵占,则会由于民族问题和地理环境等诸多因素的影响而不堪设想。所以必须加强西北边防建设,以防西北步东北的后尘。而东北地区居住的多为汉族,没有复杂的民族问题,所以东北问题"或可以依战争以求解决,外交方式之解决,亦非绝对不可能"[④]。二是西北是东南的屏障。西北地域辽阔,察绥与外蒙古相连,热河与东北省比邻。如果不建设西北,入侵者可以西北为据点,则东南无险可守。如果东南沿海门户顿开,"一旦与帝国主义相冲突,东南各省马上受封锁的苦痛,假使不先经营西北根据地,那是举国上下根本再不有想有退身之地"[⑤]。"况苏俄利用怀柔政策,笼络我边境民族归其统治,付以有名

①刘熹亭.建设西北先要确定两个概念.西北论衡,1940,8(12、13合):5

②赵三纲.开发西北之重大性.新西北创刊号(河南),1933:7

③左宗棠.左宗棠全集·奏稿.卷46

④曾扩情.西北问题之观察.新西北月刊,1939,1(3):8

⑤李如汉.开发西北问题.新中华,1933,2(14).见:程霖,王昉,张薇.中国近代开发西部的思想与政策的研究(1840—1949).上海:上海人民出版社,2007,132

无实的政治自主名……我不迭起经营，一旦西北各种族离我即俄，则西北半壁，亦弗为我有亦。"[①]同时，"西北富藏于地，我不开发，人将取而代之，此又关于国防上不可不注意者也"[②]。所以，西北在国防上具有抗拒苏俄和保全中国的作用。

二、经济地位

西北具有丰富的金属与非金属矿产，如果得到全面和合理的开采，不仅自身的经济可以发展起来，而且对全国的经济发展也会有很大的帮助。西北在中国经济中的地位十分重要，一是西北是当时发展中国经济的重要地区。自民国以来，"军阀割据，土匪横行，战乱相循，民生日悴，遂致国民经济极端疲惫，农村濒于破产，农业生产品，日趋难以自给。就实业部国际贸易局统计，去年入超，竟达五万万以上，而尤以棉花米粮为入口大宗，去年棉花占入口第一位，值一万万七千九百万两，又入口各种米粮，上年为一万八千六百万两，预料今年入超必超过去年五万万以上"。当时的经济发展是江河日下，岌岌不可终日。为了挽救经济的颓势，除了修明政治外，还要进行经济建设，以"挽此五万万的漏卮"。但是寄希望于内地，则"军阀，攻蠹的跋扈与捣乱，障碍殊多，于最短期间，促其实现，殊非易事"，如果让东北承担其责任，"无疑痴人说梦"，"故唯有开发西北，始克为我民族谋经济建设的一条新路。"[③]因为西北有辽阔而膏腴的平原，可以发展农业，生产大量的农产品，以解决中国的生活问题；西北也有发展轻工业如皮毛的原料；西北也有着丰富的矿藏，"西人称为中国未发之宝藏库，开发之，足供我国建设工业之需，凡经济建设之基本条件，我西北兼而有之。倘国人能够放胆前去，一一开发，使之各尽其利，则国家经济从此繁荣必矣，此经济上之重大性也。"[④]二是西北的经济是中

①③赵三纲.开发西北之重大性.新西北创刊号(河南)，1933:4

②郭　皋.开发西北河套计划.新亚细亚，1931，2(3).见：程　霖，王　昉，张　薇.中国近代开发西部的思想与政策研究(1840—1949).上海：上海人民出版社，2007，132

④赵三纲.开发西北之重大性.新西北创刊号(河南)，1933:5

国经济建设中的重要一环。“西北的穷困，牵制了中国经济、政治的进展”①，所以西北的经济建设关系到中国国民经济的健康和全面发展。西北“矿产之开发，更是中国国民经济机器生产化的基础原料，是发展中国国民经济的唯一工具，中国的国民经济不发展，中国民族不会复兴，西北蕴藏不开发，中国国民经济又岂能充分发展，这是已经肯定了的连环关系”②。西北是中国领土的一部分，西北的经济不发展，中国的经济发展就是畸形的。三是西北经济的发展具有巩固国防的作用。这是对西北经济发展内容方面的要求，西北国防的重要地位，不仅要从战略上重视，还要从经济建设上巩固。西北的经济发展起来了，西北的社会就会进步，政治走向清明，文化进步，人民知识提高，与内地的差距缩小，而中国的国民经济也就会健康地发展起来。

三、抗战地位

首先，西北地位的重要性。自抗战以来，中国的半壁江山沦入日本的铁蹄之下，受其蹂躏。而西北地位的重要性在各个方面都凸显出来，更重要的是西北承担着收复失地和抗战胜利的重任。一是从历史地理来看，西北决定着抗战的胜利。西北之地，自古就是军事上的必争之地，“秦破西戎，汉败匈奴，唐驱突厥，均以西北之地为战场，利用天时地理之优点，获得最后之胜利。后代帝王，莫不以西北之得失，卜帝业之兴衰，因得西北方可以安天下”③。同时，西北山脉重叠，地势险峻，沙漠荒原一望无际，再加上气候严寒，而成为拒敌有利的地势。日军以机械化装备，逼退了中国内地的守军，占领了中国大片的土地。如果以西北为根据地，敌人的优势发挥不出来，“吾人应切实准备利用西北之天时和地理，以阻其机械化部队活动之效能，俟倭寇更深入之西北山地时，发挥我军奋勇杀敌、血肉搏斗的精神，必能歼

①刘传中.西北的青年应该怎样.新西北(上海)，1932，1(3、4合)：17

②张云伏.西北人对于西北的责任.新西北创刊号(上海)，1932：2

③郭维屏.西北与中华民族建国.新西北月刊创刊号，1939：40

灭倭寇，得最后之胜利"[①]。其次，为抗战运送物资。抗战时期，西北"在抗战建国上有极大的经济价值"[②]。在内地和沿海被占领后，西北成为提供战争物资的重要地区。西北的农产品、畜产品以及矿产，将积极支持长期抗战，如此"则长期抗战之经费，将不成问题"[③]。"物产上，关中年产万担的棉花，是我国后方唯一大棉区，全靠着它，我们军民才没有发生衣着的问题。西北每年生产几千万担的粮食，供给了前方的军队、后方的民食，并且也养活了无数逃到西北来的难民和灾民，把他们安插到垦区里，迅速的又恢复了生产能力。玉门的石油、陕甘一带的煤矿，其他还有皮毛、桐油，有的是重要的军需品，有的是出口货，以换取外汇，购买军火，加强抗战的力量。这些资源已为抗战尽了最大的力量。"[④]同时，西北是唯一连接国际交通的孔道。在东南和西南的国际路线被日军切断之后，甘新公路成为国际救援物资运入国内的、支持抗战的唯一道路，"国际路线，唯西北是赖。盖目前西兰公路已与甘新公路连接，由西安、兰州直通迪化、伊犁，至中苏交界之处及西土铁路一带，直接可通苏联，间接可通欧洲各邦，有此一路，仍可得到国际间之同情与援助，对于长期抗战，仍无困难"[⑤]。所以西北在经济和国际交通方面，对抗战具有重要的作用。最后，西北是中华民族的复兴之地。西北既是收复失地之地，也是抗战胜利的最有力的地方，所以，西北在抗战时期要加强建设，在抗战之后还承担建国的任务。战争时期，西北肩负着抗战的使命，在驱逐日本之后，不仅为建国打下了基础、创造了条件，而且为全国的发展做出贡献。所以，抗战建国是一个整体的过程，二者不能分裂，"西北为抗战建国之后方根据，前方抗战，后方建设，必须相辅而行，同时并进，此我国上下一致之中心工作，亦即全民族生命之所寄托也。"[⑥]同时，作为抗战根据地的西

①②③郭维屏.西北与中华民族建国.新西北月刊创刊号，1939:40

④郭维屏.西北与中华民族建国.新西北月刊创刊号，1939:41

⑤郭维屏.西北与中华民族建国.新西北月刊创刊号，1939:42

⑥刘绍志.开发西北与抗战建国.新西北月刊创刊号，1939:69

北，已成为敌人侵略的目标，“西北之地位，已极重要，西北之局面，已极严重，抗战救国的根据地在此，复兴民族的生命线亦在此”，“只有保卫好西北，则不仅西北安全可以保无虞，即西南抗战局势，亦有所凭借而日趋稳定。”[①] 所以，“西北真不愧是支持抗战的柱石。地形上，就凭着一条蜿蜒千里的黄河，已挡住了敌人的铁蹄，使它不能越雷池一步。西北，具有高屋建瓴之势，东南俯视华北和中原，一旦时机成熟，我们居高临下，驱逐暴敌，收复失地，真是易如反掌。”[②]

西北是中国文化的发源地，自近代以来，社会发展的滞后、严重的社会矛盾和民族矛盾，使西北成为一个经济凋敝、文化落后以及人民生活十分困苦的地方。但是西北在中国的国防地位和经济建设方面的地位十分重要：西北如不巩固国防，就会被强敌侵入，从而使中国的命运处境严峻；如果西北的社会、经济落后，就会牵制中国经济的发展，使中国的国民经济无法健康、顺利地发展。尤其在抗战时期，西北作为抗战的大后方和建国的基地，更显重要。基于对西北的现实思考和认识，人们掀起了开发和建设新西北的高潮。

①郭维屏.西北与中华民族建国.新西北月刊创刊号，1939:43

②王劲草.建设西北与中国前途.西北研究，1943,6(9、10合):7

第二章　民国时期的西北开发

民国时期，掀起了两次开发西北的高潮，这都是在民族危亡加深时提出并实践的。西北开发首先是国民政府提出来的，得到了全社会的广泛响应，在全国一致的认识和推动之下，西北开发和新西北的建设就开展开来。

第一节　民国时期的西北开发

1928 年，国民政府就提出了西北开发的口号，但西北的开发和建设是在 20 世纪 30～40 年代中国严峻的民族危机中被全面提出和实践的。

一、西北开发的提出

20 世纪 30 年代初，国民政府政权始稳，建国的问题提到了议事日程。建设一个现代化的中国成为人们的共识，而“统治经济”①成为国民政府发展经济借鉴的一个模式。因此，为了迅速发展经济并加强国防建设，“已在酝酿中的西北开发，也为政府实行这一模式提供了机会”②。西北开发在国民政府的重视和大力提倡之下，在社会舆论和西北报刊的推动下，形成了一股强劲的

①统治经济，又称指导经济和计划经济，是一种由政府管理、干涉和控制的经济制度与形态。就当时中国现状而言，统治经济也许是一个最有效的发展中国经济的模式，于是被蒋介石所采纳并决定在西北开发时应用。

②申晓云.三十年代国民政府开发西北模式考论.见：张宪文主编.国民政府与中国社会转型.南京：南京大学出版社，2011，218

浪潮。“九一八”事变后，东北尽失，华北也将不保，东南也是战火频燃。为了挽救民族危机，加强西北国防，必须开发和建设西北。“以今日之国势而论，东北则藩篱尽撤，东南则警号频传，一有非常，动侵堂奥，故持长期奋斗之说者，力主西北之建设，以保持民族之生命线。”[①]中国的舆论也普遍认为：“东北业已版图变色，西北又岌岌可危。为免使西北为东北之续，固急宜从事开发，巩固国防。即为收回东北各地计西北之开发亦为当务之急。盖在今日非有丰富之资源不足以做持久战争，华北各省民穷财困，赖以供给饷需实非易事。苟能开发西北则和套所属，正今后之粮库所在，未容忽视。至于借开发西北以减轻腹地之农业恐慌，尤其余事。”[②]

从巩固国防的角度和发展西北经济方面开始开发和建设西北社会。但这一时期的西北开发在实践中并没有取得很大的成绩，许多建设还停留在初步的设计和宣传阶段。尤其国民政府对西北的考察，向国人打开了西北的神秘之门。无论是向国人宣传西北还是指出开发西北社会的现状，都是为了说明西北社会的重要性和开发建设的必要性。同时，国人对西北社会也有了立体的、清楚的认识，为再次的西北开发做了准备。

这一时期，国民政府和民间团体在舆论的推动下，对西北开发的认识上、言论和思想的深度与广度上都更为具体和深刻，但真正对西北开发的实践活动没有取得很大的实效。“夫开发西北之事，人人能知之，人人能言之，而数年以来，只闻言论而未见实行。此中原因由于事势之阻碍与人谋之不臧。而西北之开发，尚有种种前提，而为国人所忽视也。”[③]王昭声在《西北建设论》中也指出：“十数年来，研究建设边疆的团体也多，然而始终因时代环境的变化，时作时息，穷其失败的原因包括：(1)有志之士孤立独行，不肯合

①邵元冲. 西北建设之前提. 见：秦孝仪. 革命文献88辑. 台北：中央文物供应社，1980，158

②周宪文.东北与西北.新中华，1933，1(11).见：程 霖，王 昉，张 薇.中国近代开发西部的思想与政策研究(1840—1949).上海：上海人民出版社，2007，133

③邹次硕.开发西北之重要与前提.新西北创刊号(河南)，1933：1

作，难以持久。（2）建设边疆团体风起云涌，力量分散，成效斯寡。（3）研究边疆之人，多重在宣传，不注重实践。（4）政府对于边疆开发计划和实际措施都力度不够。（5）文人对西部的描写，过于凄苦，造成一般人民的萎缩心理。"①

1937年抗战全面爆发，西北和西南成了抗战的大后方，同时也是建国的根据地。西北的地位日渐重要，开发西北的呼声日高。尤其在1942年8月17日，蒋介石在视察甘肃时发表了《开发西北的方针》的讲话，对西北今后在党务、政治、经济、军事各方面的工作做了指示，并特别指示了开发西北的方针："我们西北既有如此广大肥美的土地，复有开采不尽的宝藏，不仅我们一生做不完，就是我们后代子孙，在五百年以后，仍然是做不完的。但是我们要求国家能够世世时时生存下去，就必须乘此抗战的机会，由我们这代来建立千年万世永固不拔的基础。"②蒋介石回到重庆以后，又宣告"西南是抗战的根据地，西北是建国的根据地"。"于是随着这样重视西北的号召，怎样开发西北和怎样建设的呼声，又响遍了全国，而吸引了每个关心西北问题的人们，因为抗战建国到了今天，才正确地和明白地决定抗战中建国的根据地在大后方的西北，这实在是一个有深长意味的抉择。"③西北作为抗战建国的根据地而受到重视，西北的开发和建设也因此机会而取得了一定的成果。这一时期西北开发的内容思想有所变化，主要针对抗战而进行全面的开发和建设，同时，开发和建设也取得了很大的成效。

二、国人对西北开发的认识

首先，西北开发应注意的问题。在国人提出开发和建设西北的同时，也

①王昭声.西北建设论.重庆：重庆青年出版社，1943，2～3.见：程　霖，王　昉，张　薇.中国近代开发西部的思想与政策研究（1840—1949）.上海：上海人民出版社，2007，139

②蒋介石.开发西北的方针.中央周刊，1943：27.见：程　霖，王　昉，张　薇.中国近代开发西部的思想与政策研究（1840—1949）.上海：上海人民出版社，2007，177

③徐　旭.西北建设论.中华书局，1944，1.见：程　霖，王　昉，张　薇.中国近代开发西部的思想与政策研究（1840—1949）.上海：上海人民出版社，2007，178

提出了在西北开发之时应注意一系列的问题以求西北开发稳妥推进。一是西北开发活动的复杂性。西北开发是一个系统的、复杂的工程,而不是简单的经济建设中的某一块,或政治,或教育,或民族方面的社会建设,"谈到建设西北,真是经丝万端,问题是异常的复杂。"[①]西北是一个整体,开发和建设西北,须对西北的自然环境和社会环境有一个全面的认识,然后对欲开发的、欲建设的进行详细的勘察和全面的认识后,才能实践起来。凡论及西北开发诸端,必然涉及"西北地形复杂,交通梗阻,人民的生活习惯固有差别,经济形态亦多悬殊,兼以宗教种族等关系,更增加其复杂性"[②]。就西北的经济建设而言,就包括农林牧、水利、工业、交通以及影响经济发展的政治、资金、人才和近代的科学技术,缺一不可。同时,西北开发为政府和人民共同的事业,政府和民众各负其责,"政府居指导与提倡之地位,而人民负有建议与促成之义务,两方和衷共济,实事求是,则开发之事业之实,自易促成也。"[③]只有全国上下一心,和衷共济,才能把西北真正建设起来。"不过在今日来谈建设西北,依旧是头绪浩繁,可开的方案,无虑千百,生恐一般人士把西北看得太简单,而不能切实努力推行。"[④]二是西北开发工作的专业技术性。"开发西北需要发展交通、需要改良水利、需要造林、需要垦牧,如此等等许许多多都是关涉于技术上的问题。技术上的问题需要专家来研究解决,当非门外汉凭道听途说所能乱作主张。因此,开发西北的责任,要大部分负在整千整万的技术人肩上。"[⑤]在西北开发和建设的具体操作与实践中,每一项工作都需要"专门人才为之指导,为之策划,方能循规而进,收其效果"[⑥]。在西北开发之中,所缺的专业人才很多,或者说几乎是没有的。没有专业人才的指导

①武　彝.建设西北的首要问题.西北研究,1942,4(6):27
②编　者.正确认识西北经济建设问题.新西北月刊,1939,1(5):2
③刘传中.西北的青年应该怎样.新西北(上海),1932,1(3、4合):18
④拓国柱.西北建设问题研究.西北研究,1943,6(1):8
⑤蒋啸青.献给开发西北者的管见.西北研究,1943,6(3):4
⑥刘传中.西北的青年应该怎样.新西北(上海),1932,1(3、4合):17

和配合，西北的“建设从何谈起”[1]。开发农业需要农业方面的专家，发展水利需要水利方面的专家，建设西北社会方面的工作需要社会方面的专家等等。所以，在西北开发之中，培养建设西北的人才，十分重要，还要针对西北开发的特点而有所训练。“所以，要何种人去建设西北，不但应严慎拣选，而且要有计划地开班训练。如果未经严密的审查和考核，切勿随便遣派，既经选拔，则当优其生活，厚其薪给，既设的机关，则宽筹经费，被派之人，则当有说教和殉道精神，埋头苦干，终生不渝。”[2]这里不仅指出了西北开发时技术人才的重要，也指出了技术专业人才在开发和建设西北时应秉承的奉献精神以及政府对其生活方面给予方便和优惠，使他们为西北的开发和建设做出积极的贡献。三是西北开发和建设的艰苦性。尽管西北的地位十分重要，但西北气候严寒，地理环境险峻复杂和交通不便，都会使人们产生畏难的情绪和心理。同时，西北民族复杂，社会动荡，生活贫困是西北的典型特征，所以开发西北还要对西北的社会有一个适应的过程。还有，西北开发本身是一件艰巨的工程，西北要全面系统的开发，在无人才、无资金又在国难之中进行就要面对更大的挑战。“开发西北是国家的百年大计，是一件极艰苦的工作，在技术上我们要迎头赶上，但是最重要的要先存贯彻始终不达不止的心理”。为国家计、为民族计，开发西北者要有艰苦奋斗的精神，“以国家民族利益为前提，不应以个人利益为转移”[3]。这样西北开发和建设才能进行开来。

其次，西北开发的前提和计划。在开发西北之前，西北人应该认识到，“西北在政治、经济和社会等方面，亦可有一明白观念，即政治上是中国的西北边防重镇，经济上是中国富庶蕴藏最富的地方，亦是全未开发的地方，社会上是文化落后的区域”，所以要本着“应以全民族的利益为前提”[4]，积极开发和建设西北。一是西北的开发和建设既与中国面临的主要矛盾一致，也

①②拓国柱.西北建设问题研究.西北研究，1943，6(1)：9

③蒋啸青.献给开发西北者的管见.西北研究，1943，6(3)：5

④康天国.中国之出路.新西北创刊号(上海)，1932：3

与西北开发的具体工作一致。在“九一八”之后，中国主要是调整政治，发展西北的经济，提高西北人民的生活质量，改变西北落后的现状。其主要是通过开发和建设西北以达到巩固国防，以防西北步东北之尘。抗战时期，西北开发和建设就要以抗击日本为出发点，这就使得西北开发和建设的内容发生了变化。这时，西北开发和建设以军事第一为原则，西北成为支持长期抗战的基石，是取得胜利的大后方，西北“欲发挥长期抗战的这种作用，必须充分运用后方所有的时间，使每一寸光阴，能增加一分实力，以延长前方杀敌的时间，即长后方建设的时间”[①]。二是在西北开发的具体工作之中要注意其前提，这一前提就是资本、人才和劳力。对西北来说，劳力是不成问题的，所缺者就是人才和资金。资金的来源则一由政府拨付，另外应尽量吸引投资，“开发事业因投资不同而异其质者，约分为两类。一系由公家投资经营之事业，为一切国营事业等皆是，一系由个人集资经营之事业，如何种个人企业皆是”[②]。人才也是西北开发应该考虑的事情，一方面要大量聘请、招收有用之才，另一方面“西北各地应多设研究实用科学之专门学校，冀培植专门人才，以应实际工作之需要”[③]。同时，对于开发西北这一系统的、复杂的工程，必须要在开发之前做好计划，才能有针对性地进行开发，“国人一方面既需切实研究开发西北之具体方案，一方面更须注意于此种前提。然后实际工作，方易推行，而开发西北之计划，亦不致徒托空言也”[④]，这样才能减少工作中的失误和浪费。在有计划的同时，还要在开发工作中，分清轻重缓急，使开发和建设顺利有序地进行。

最后，建设新西北的机遇。在西北开发之前，西北被视为化外之地，政府弃之，人民避之，致使西北成为落后和贫穷之地。对西北落后于东南的原因，人们认为，“第一，是由于无积极开发西北政策的结果，过去的政府对于西

①邵力子.新西北须由抗战中锻炼出来.新西北月刊创刊号，1939:57～58

②③刘传中.西北的青年应该怎样.新西北(上海)，1932，1(3、4合):17

④邹次硕.开发西北之重要与前提.新西北创刊号(河南)，1933:3

北，是不懂得什么水利、造林、交通等建设的，这样便自然限制住人民的移居。第二，是由于过去的地方长官未尽其责任，亡清时代，西北民族间屡有冲突，这也是地方长官未尽其责的最好说明。第三，是由于沿海东南各省比较西北五省易于接受西方文化的缘故。”[①]当然还有很多其他原因综合造成西北的落后，而不仅仅是以上所述。在西北开发之中，西北人民要抓住这一千载难逢的机会积极发展西北，这也是西北建设的一次机遇。“自军兴以来，西北也和西南一样，也成了后方重地，多少文化与政治机关，移到西北去，连带的多少社会上、文化上、政治上实际工作人士也由东南移到西北去，以前呼号鼓吹，求之而不得者，因抗战的关系全都实现了。”[②]在政府政策和资金倾向西北及国人全面支持西北开发的大潮流下，建设一个进步的现代化的新西北成为共识。一是西北要积极发展教育，培养人才，提高人民的知识和能力。这样西北人民对西北社会有一个全面而清楚的认识，并进而改进西北社会和人民的处境，使现代文明的制度和文化为西北人民造福。“故在开发西北声中，为西北人自己生存计，为国家前途计，西北人民赶快努力于教育之振兴。”[③]二是发展实业。西北的社会是落后的，但有丰富的矿产。西北人民应该利用这一有利的条件，积极发展实业。一方面，发展实业可以增加西北在经济上的竞争力，否则，“西北土著人民，苟不快速努力，为其他同胞接应……则西北人民愈无立足之地，结局恐与现在避入西南各省区深山之苗族，同一末路”[④]。另一方面，要积极开发西北的矿产，这一经济比起传统的农耕之作，“则所获必千倍于农产”[⑤]。发展实业不仅能使西北的经济发展起来，而且对中国的前途来说也是十分重要的。三是推进西北社会的自治。西北社会被军阀和外来政客所把持，西北人对西北社会的事务没有参与和管理的

---

①张道藩.为什么我们要开发西北.西北研究，1943，6(2):3

②杨钟健.抗战期中西北之发展.新西北，1934，1(4).见：程 霖，王 昉，张 薇.中国近代开发西部的思想与政策研究(1840—1949).上海：上海人民出版社，2007，176

③康天国.中国之出路.新西北创刊号(上海)，1932:13

④⑤康天国.中国之出路.新西北创刊号(上海)，1932:15

权利。在这一发展西北的机遇中应努力推进西北社会的自治,使西北人能参与或直接管理西北各个方面的事务,“勿被动的顺受,任人牵割,坐令庐墓之乡,为野心家从事内之大本营,囤积士卒之殖民地。”[①]同时,对于统治西北的官吏,“当知他们为人民的公仆,苟他们做事遵法律守范围,人民应该服从;如其行动违法乱纪,则是自丧其为公仆之身份,人民应有制裁他们的权利和义务。”[②]四是加强团结,共同开发建设西北和抗击敌人。尤其是在抗战时期,提高民族的凝聚力和爱国精神,“还有杀敌制果争取胜利的情绪和决心”[③]。西北各个民族应该加强团结以共同发展西北,同时也可以瓦解侵略者利用民族问题分裂中国的目的。

三、时人对开发西北意义的认识

对于开发西北的意义,主要有以下几个方面的认识。一是从政治上来看,中国的政治不上轨道,西北的政治更为腐败,这既是西北落后的一个原因,也是敌人趁此机会对中国大肆的侵略。为了使中国的经济走上轨道,必须寄希望于西北。西北“位于半高原,江河山脉横贯东下”的地理环境,使“历朝鼎盛之际,咸东向以控制天下”[④]。所以,在开发之际,西北也要发挥拒敌之功效。“我政治上之发号施令之首都,时有受敌威胁之可能性,政府才筹设西京,亦未尝着眼于此。然徒筹设西京而不注重开发西北,则无疑舍本逐末,盖虽据地利,而地瘠民贫,何所凭借。故今日欲免除政治上之危机,惟有积极开发西北,利用西北勤奋朴实之民情,树立廉洁惠民之政治,以西北作基础,生聚教训,期以十年,则纵不能饮马东洋洗刷国耻,最低限度我中华民族必不

①②天 国.甘肃教潮.新西北创刊号(上海),1932:17

③罗敦伟.西北民众与抗战.新西北月刊创刊号,1939:65

④行政院关于王超凡等在国民党五全大会上提《拟请组织健全机关集中人力财力积极开发西北以裕民生而固国本案》致财政部令.见:马振犊主编.抗战时期西北开发档案史料选编.北京:中国社会科学出版社,2009,20

致继朝鲜、印度之后受人宰割也。”[①]同时,西北政治腐败,民不聊生,欲使西北的政治走上轨道,就要对其进行改革,使之发挥“养”民和“保”民的积极作用。在西北开发期间,“西北的政治年来进步甚速,但以之配合经济建设,尚觉不够”,因为西北“经济发展时时为政治的紊乱所阻碍”。所以,在西北开发时要改革发展政治,政治的清明也为西北开发的顺利进行提供了保障。

二是从经济来看,西北既有适宜发展农产的农业区、牧业区,也有发展工业的丰富原料。但是西北却经济落后,民生凋敝。持续不断的旱灾、冰灾、震灾、兵灾,使得西北哀鸿遍野,人口大减。西北的“所有天然物利,农工矿商,俱皆遗弃,殊为可惜”[②]。环顾全国,“自‘九一八’事变爆发,东北之富源完全丧失”,“不得不转移目标,专注事于地广人稀、蕴藏丰富的西北……其中五金、矿产、煤油、煤块蕴蓄甚丰,而牲畜、皮毛、药材种种生产尤极丰盈,只以历年无人过问,逐至货弃于地,迄今仍保守其上古荒凉闭塞之状态”[③]。在这种情况下,必须发展西北的经济。同时,发展西北的经济“必能树立自给自足之经济基础,而涤除货弃于地、民困于野之可耻现象”[④]。

三是从民族和文化来看,西北是多民族聚居的地区,由于各种因素的影响,西北的民族矛盾严重,冲突时有发生。在开发西北时就要面对这一严峻的问题,即化解历史遗留问题和民族间的隔阂,提高各民族的文化水平和改

①行政院关于王超凡等在国民党五全大会上提《拟请组织健全机关集中人力财力积极开发西北以裕民生而固国本案》致财政部令.见:马振犊主编.抗战时期西北开发档案史料选编.北京:中国社会科学出版社,2009,20

②行政院秘书处抄送刘昭晓《条陈开发西北之意见书》致内政部等函.见:马振犊主编.抗战时期西北开发档案史料选编.北京:中国社会科学出版社,2009,5~6

③行政院秘书处关于推广金融发展西北实业计划致全国经济委员会筹备处笺函稿.见:马振犊主编.抗战时期西北开发档案史料选编.北京:中国社会科学出版社,2009,61

④行政院关于王超凡等在国民党五全大会上提《拟请组织健全机关集中人力财力积极开发西北以裕民生而固国本案》致财政部令.见:马振犊主编.抗战时期西北开发档案史料选编.北京:中国社会科学出版社,2009,21

善各民族的生活。所以，在西北“亟宜饬令光兴学校，以资造就，并宜注重军事教育与生产教育，盖学校者，文明进化之源也”[①]。发展西北的民族教育，“先以智力关锁边陲，再求与世界文化之场毂击肩磨，亦非难事”[②]。发展西北民族教育的同时，还要发展西北的文化。西北是中国文化的发祥地，恢复固有的文化和建设新的文化是西北开发时要积极努力实现的目标之一。同时，提倡固有的道德，“西北各省汉回杂处，风俗日薄”，所以“今者欲图换回人心以救国家，非急行提倡固有道德不为功”[③]。在政府一视同仁的民族政策下，西北的民族问题也会渐趋减少，西北的文化也会提高，这也是开发西北的重要意义之一。

四是从国防来看，西北的地位更为重要。“九一八”后西北的国防地位十分重要，国人都认为西北开发的目的之一就是巩固国防和建设国防。“至今日而时移势变，俄人既进窥伊犁，襟带新疆，囊括西北；英人亦占据西藏，驻兵开矿，觊觎青海，野心勃勃，将有他族逼外之忧。近数年来，欧美及日本各国人士游历青海为名，终年络绎不绝，率皆绘测地图，调查物产，其处心积虑，狡焉思启。”[④]中国的边防建设十分薄弱，如果不加强建设，不仅西北不保，中国的前途也很严重。在西北开发中就要建设巩固的国防，同时还要负责各少数民族的教育，增强他们的国家、民族观念和爱国之心，使他们成为一道最为坚固的边防线。

五是从军事来看，开发和建设西北更为重要。“九一八”前，西北在军事上的作用是消灭共产党的发展壮大：“西北地大物博，人口稀少，物产丰富。据邮政局人口统计，西北六省平均计算，每方华里仅有二人，赤匪提出打通国际路

①③行政院秘书处抄送刘昭晓《条陈开发西北之意见书》致内政部等函.见：马振犊主编.抗战时期西北开发档案史料选编.北京：中国社会科学出版社，2009，10

②刘守中、张继等拟《开发西北提案》.见：马振犊主编.抗战时期西北开发档案史料选编.北京：中国社会科学出版社，2009，14

④马保成呈送《开创西北巩固国防条陈》.见：马振犊主编.抗战时期西北开发档案史料选编.北京：中国社会科学出版社，2009，2

线之口号,久即垂涎于此。近朱毛急窜西北,若使彼等实现其企图,则实在是为民族前途之巨患。故积极开发西北,如公路之完成,农之垦发,在足以为辅助剿匪军事进展,根除消灭国家之隐患。"[①]西北革命根据地的发展,被国民政府视为最大的威胁,所以其提倡西北开发就是在西北驻以重兵,以消灭中国共产党。宋子文更清楚地指出:"西北之重大问题尚在军事,有良好的军队,然后一切建设方可谈起。"[②]抗战爆发后,中国整体的局势发生了很大的变化,西北开发具有挽救民族危机的意义,"我们无论从哪一方面去估计西北,西北在今天实不容忽视了。它的资源开发,它的国际运输,它的拓殖增产和它的文化再发扬,都是足以补助抗战根据地西南的不足。"[③]同时,在抗战时发挥西北的地形优势以阻击敌人的军事攻击,"左可以出宁夏,以扼蒙绥;右可以通成都,连接西南,以取得整个抗战阵线之联系。政府一方面宜利用天然形势,在黄河一带筑坚固国防工事,一方面编练补充西北原有部队,动员西北强悍的民众,充实自卫力量,使成为抗日的劲军。"[④]所以,抗战时期,一切"急莫急于军事的准备,军事无办法,一切计划打算皆无所附丽"[⑤]。

民国时期,国人积极提倡和支持西北开发,对于西北开发中应注意的问题和意义陈述了各自的认识,指出从各个方面发展和建设西北社会,使西北不仅发展起来,而且对中国和民族的发展和强大贡献力量。他们在对西北开发发表言论之时,也是向国民政府建言献策,以供借鉴。

---

①行政院关于王超凡等在国民党五全大会上提《拟请组织健全机关集中人力财力积极开发西北以裕民生而固国本案》致财政部令.见:马振犊主编.抗战时期西北开发档案史料选编.北京:中国社会科学出版社,2009,21

②东方杂志(上海版),1934,31(11):3.见:程 霖,王 昉,张 薇.中国近代开发西部的思想与政策研究(1840—1949).上海:上海人民出版社,2007,134

③徐 旭.西北建设论.中华书局,1944,21.见:程 霖,王 昉,张 薇.中国近代开发西部的思想与政策研究(1840—1949).上海:上海人民出版社,2007,135

④杨中坚.新西北的建设与抗战前途.新西北月刊创刊号,1939:68

⑤编 者.今日之西北问题.新西北月刊创刊号,1939:1

第二节　国民政府开发和建设西北的方案以及对西北的考察

国民政府此时出台了一系列开发和建设西北的方案，并组织了几次对西北的考察，推动了西北开发的全面进行。

一、国民政府开发和建设西北的方案

1927～1930年，国民政府的工作重点并不在西北开发上，此时其对西北的政策是以救灾和兴业为基本出发点。到了20世纪30年代，帝国主义列强特别是日本对中国的侵略逐渐加深，国民政府开始考虑建立长期抵抗的战略后方。这个战略后方，只有西北和西南才能担当此任。西北丰富的矿产可以作为发展经济的基础，重要的战略地位可以使中国进可以攻，退可以守，所以加快开发和建设西北，显得愈益迫切。国民政府被迫把原来在湘、鄂、赣三省建立后方战略基地的设想改变为以西北为"抗战救国"的大后方，以达到"以空间换时间，积小胜为大胜"的目的。1932年3月1～6日，国民党四届二中全会在洛阳召开，会上张继提议，设置临时陪都，长安为陪都，并更名为西京，长安为行政院直辖市，由国库每月拨三万元进行改建工作。1932～1936年，有关开发和建设西北的综合方案提案，包括马保成的《开创西北巩固国防条陈》、刘昭晓的《条陈开发西北之意见书》、张继等的《开发西北提案》，尤其是1932年12月31日柳民均拟的《开发西北计划大纲》，内容十分详尽。柳民均认为，"自东北事变，三省沦亡，民族已无出路"，内地由于经济破产，盗匪、灾祲蔓延全国，中国的社会"露崩离破碎之象，国民生计告绝"。"吾人彷徨环顾，觉一线生机足为吾民回旋之余地者，厥在西北隅空隙之地"。西北为边防要地，其危机重重，"环顾俄英环伺，馋涎欲滴，如俄之经营西土铁路，履入疆圉，并曾占领伊犁至九年之久，假非改过政变，则新疆早非吾有。英之经营印阿，自大吉岭登山铁路告成之后，已视西藏为己物，并有侵

及青海发生，划昆仑山富拉岭以北之地位自治领域之妄议。国人蛮触相争，淡然若忘，苟独舍此不图，则西北疆域必终为东北之续，吾族唯有糜毙于濒海咫尺地域之一途而已。”为了避免此种事情的发生，拟具了开发西北的方案。其内容如下：

（一）政府对开发西北须有一贯之政策与健全之组织以办理。设立西北建设委员会，其下设国道局、劝业局、采矿局和垦殖局。国道局，办理道路工程、经营汽车运输以及养路护运各事。一是修建国道线路，有西伊线（西安至兰州、迪化至伊犁），国道计划第(4)线；西汉线（西安经凤翔、宝鸡至汉中），国道计划第(12)线；包兰线（宝鸡、五原、宁夏至兰州），国道计划第(9)线；兰疏线（兰州经西宁、敦煌至疏勒），国道计划第(9)线；包塔线（包头经乌里雅苏台至塔城），国道计划第(10)线；汉白线（汉中经安康至白河县），国道计划第(3)线；塔疏线（塔城经迪化、吐鲁番至疏勒），国道计划第(11)线；青玉线（西宁至玉树通西藏），国道计划第(8)线。又补助地方政府经营二线，西安经延长、榆林至包头，兰州经临洮、天水阳平关至汉中的两条线。二是管理运输营业（六轮汽车、爬行车、普通车、木炭汽车、骆驼队）。三是护路军警。劝业局，办理由政府独营或与商民合营之各种企业及国际贸易与信托保险等事（实业），下设：(1)贸易组合，管理毛革公司、采木公司、药材公司、蓝靛公司、烟草公司、茶叶公司、布业公司、骨肥公司；(2)工业组合，管理制革公司、织呢公司、制毯公司、酿酒公司、制纸公司、制碱公司、烛皂公司、肉业公司、缫丝公司；(3)信托保险（商业银行）。采矿局，办理国营各种燃料及金属或化学原料之各矿业事务（事业），开采金属（金、白金、铅、亚铅）和燃料（石油）。垦殖局，办理移民垦荒及屯垦奖励等事（内政），有奖励移民、强迫移民、移军屯垦、流犯充垦、消费合作、信用合作。

（二）界说，所谓西北之范围，以陕、甘、绥、宁、青、新各行省全境及外蒙西部、唐努乌梁海、科布多、阿尔泰等处；所谓开发之范围，在不妨害各地方行政之施行，特有中央政府划出建设事业之一部，用中央之政治及经济力量以经营之。

(三)政府对于开发西北须有准备之投资及予商民之前往经营者以有力之保护。对此,拟建议由政府发行公债(或借款)四千万元,以为修路、开矿、移垦之投资。并募集华侨或国内富商之商股若干,以为合资经营各种企业之用。一面拨调得力之军队一师或二师移驻西北各地,以为改编、护运、保商及垦区、矿场、森林各处保安警察之用。

同时,国民政府关于建设西北的计划也十分详细。1931年,国民政府拟具的《开发西北计划》,范围很广。经济方面,有西北经济概况、移民垦殖、西北拓殖银行及其业务运用计划;交通方面,有西北交通初步计划;水利方面,有西北水利初步计划;农林方面,有西北气候调查初步计划、西北土壤调查初步计划、发展西北农林业初步计划、发展西北牧业初步计划、西北森林建设初步计划;矿业方面,有西北各省重要矿产概述、开发西北煤铁初步计划、开发西北石油初步计划、开发西北金矿初步计划;工业方面,有毛织工业初步计划、西北棉织工业初步计划、西北面粉工业初步计划、西北罐头工业初步计划、西北机器工业初步计划;电器方面,有西北电器建设初步计划等。[①] 1935年5月2日,第三届中央执行委员会临时全体会议通过的《实业建设程序提案》,提出对西北的开发,"应努力从事,如交通建设,土地、矿产之开辟,移民及屯垦之举办,应有国民政府按照当地情形,并参酌国防上之需要,拟订详密计划,限期计划"[②]。1935年11月5日,通过了朱绍良关于《拟请提前完成陇海线西兰段铁路以利交通而固边防案》,指出,"西北范围虽广,有此一线铁路之交通,产销通畅,得尽其固有之地利,即有警耗亦可互相策应,以

①国民党第四次全国代表大会国民政府政治总报告六:关于建设事项.见:程 霖,王 昉,张 薇.中国近代开发西部的思想与政策研究(1840—1949).上海:上海人民出版社,2007,172

②实业建设程序提案.见:罗家伦.革命文献26辑.又见:程 霖,王 昉,张 薇.中国近代开发西部的思想与政策研究(1840—1949).上海:上海人民出版社,2007,173

资抗卫,如此运输既便,边防亦固,国计民生实利赖之。”[①]

这一时期国民政府对西北开发的认识和开发的力度都是前所未有的,关于开发西北的提案和建设计划方案也比较多和全面。

抗战时期国民政府开发西北的方案。1937年抗战爆发,国民政府针对西北开发,“从抗战建国的战略高度来看待开发的意义,从党务、政治、经济和军事等多方面同时着手,交通、能源建设是开发的重点,坚持轻工业、重工业并举的发展战略。”[②]这一时期国民政府开发西北的计划和方案更为切实,对西北的开发“以增加抗战之力量者,尤为刻不容缓”,对西北开发在政策和资金上均予以倾斜。“拟请中央于西北亦设立同一机关,及早筹办,集中人力、物力,分头并进,则西北之天然富源必可为大量之发展,不特国内供给可以取之不尽,减少无穷漏卮,即出口货物亦必日见发展,于抗战建国裨益实多。”[③]王超凡的《拟请组织健全机关集中人力财力积极开发西北以裕民生而固国本案》致财政部令,指出西北开发的具体办法:

(一)机关

在开发西北之前,应设立开发西北督办公署,由国家特派资深望重的一人督办,简派经济和实业专家为会办,由中央直接监督。“赋予经营垦牧、矿产、交通并指挥西北六省党政军各机关之特权”。同时要设立一二两厅,“第一厅下设拓殖处,下隶西北各省区地亩局、西北各省区移民事务所、各区农林苗圃实验所、各区牧畜场;实业处下隶矿业、工业、电气、水利等四局;交通处下隶铁路、公路、邮政、航政、电话等五局;财政处下隶财政局、拓殖银行两机关”。第二厅“以下设技术处,下隶矿业专门、工业专门、交通专门、拓殖专

---

①秦孝仪.革命文献79辑.台北:中央文物供应社,1978,361

②程 霖,王 昉,张 薇.中国近代开发西部的思想与政策研究(1840—1949).上海:上海人民出版社,2007,177

③李鸿文,董必武,沈钧儒等.请速筹西北经济建设机关发展西北利源以增强抗战建国力量案.见:马振犊主编.抗战时期西北开发档案史料选编.北京:中国社会科学出版社,2009,29

门、经济专门等技术人才委员会；调查处下隶各专门调查团”。第一厅的任务是“监督执行各种开发事业”，第二厅的任务是“调查各种实际情形，设计各种建设方案交第一厅执行”。

(二)经费

“经费为一切事业之母，欲完成巨大事业，必须有充裕之经费”。西北辽阔，百废待举，所需的经费很大。对于开发西北的经费大致如下：一是调查费，在西北开发之前，须对西北有缜密的计划，“然后始能按图索骥，不致偾事”，“连同调查设备费共需洋七十万元”。二是采冶矿产费。西北矿产丰富，地域宽广，假设有十矿，“每矿采冶经费为一百万元，共需一千一百万元”。三是建筑铁路费。西北铁路计划有十八线，总长一万六千英里，急需经费十万万元以上。四是修筑公路费。“计已修成者为四千八百华里，待修筑者二万四千八百华里，共需修筑经费为五八，五九〇，〇〇〇元”。五是整理水利费。西北可耕之地甚多，但是水源缺乏，开发西北不得不整理水利。西北可灌度“总共七十万顷，以每顷二百元计，全部经费当在三〇〇，〇〇〇，〇〇〇元左右”。六是改良农产及畜牧费。“共计为一，〇〇〇，〇〇〇元”。七是移民费。“为二〇〇，〇〇〇，〇〇〇元”。八是拓殖银行费。为六百万元。

(三)人才

西北开发首要问题是经费，其次就是人才，有了各方面的人才，“研讨设计，逐步施行，而后款不虚糜，事有成效”。

(四)进行步骤

西北开发是全面的、系统的工程，所以要有计划、有轻重缓急的来进行。[①]

抗战时期关于西北开发的综合和具体的提案更多，1939 年 1 月的《请速筹西北经济建设机关发展西北利源以增强抗战建国力量案》，1943 年贾业修

①行政院关于王超凡等在国民党五全大会上提《拟请组织健全机关集中人力财力积极开发西北以裕民生而固国本案》致财政部令.见：马振犊主编.抗战时期西北开发档案史料选编.北京：中国社会科学出版社，2009，22～25

拟的《河西一线调查情况及其开发意见》,1943 年 2 月 25 日吴承洛《拟介绍西北工业经济状况之〈西北问题〉》;农业方面,有 1941 年沈百先《为赴陕甘一带考察水利建设事致行政院》,1941 年 11 月 8 日薛笃弼《核议沈百先考察西北水利报告致行政院秘书处函》,王绥、李秉权拟的《农业建教合一计划大纲》;关于移民垦殖、交通以及邮政通讯的提案更为详细和完备,实际上也是国民政府对西北的开发和建设关注的面更广,其建设的计划更完备。这一方面说明西北在抗战时期地位的重要,也说明政府在各个方面对西北在政策和资金方面的支持。

二、国民政府组织的西北考察活动

抗战前后,国民政府组织了几次考察西北的活动,这向国人介绍和宣传了西北,也为西北开发做了准备。

(一)抗战前的西北考察活动

国民政府组织的西北科学考察团。该考察团计划于 1927 年 6 月 28 日出发,1929 年 2 月 19 日返回,约两年时间,对西北进行考察。这次考察是中国和瑞典联合组织的,团长是瑞典的斯文·赫定,包括 16 名来自瑞典、丹麦和德国的专家。中国的团长是北大教授徐炳昶,成员有地质学家袁复礼、丁道衡,考古学家黄文弼,研究地图学的专家詹藩勋和一名照相人员。该团主要是考察西北的地质学、地磁学、气象学、天文学、人类学、考古学和民俗学。1930 年还组织西北学术考察团。因为法国团员辱骂中国团员,这一次考察没有进行下去。

1934 年对西北畜牧业的考察。这次考察是由国民政府全国经济委员会西北畜牧改良场筹备处主任粟显倬主持的,主要考察了甘肃和青海两省农业和畜牧业的情况,尤其对畜牧业的考察更为详尽。这次考察之后,其撰写了《西北农业及畜牧业事业考察报告——甘肃、青海之行》。邹枋则对陕西的农作物、田赋、金融和合作社进行了考察,之后撰写了《西北农业暨社会经济考察报告——陕西之行》,以供对西北开发时农业的改进做参考。

（二）抗战时期的西北考察

1942年，由中央研究院和中央庚款董事会联合组织了一个西北史地考察团，于4月从重庆出发，11月返回，历时半年有余。此时由于太平洋战争的原因，中国的抗战形势稍有缓解，国民政府有了一定的时间调整自己的经济发展战略，“由原来的战时经济体制逐步转变为抗战建国的经济体制，以适应未来战后经济的发展”[①]。在蒋介石发表了《开发西北的方针》的讲话后，“开发西北的声浪于是复炽”[②]。

1942年，国民政府经济部组织了西北工业考察团，对西北的工业情况进行调查。国民政府下令由工矿调整处和迁川工厂联合会约集工业界专家及技术人员共21人组成西北工业考察团，于1942年9月21日在团长林继庸、副团长颜耀秋带领下，从重庆出发，前往陕西、宁夏、甘肃、青海、新疆等省考察，总行程一万四千余公里，至次年2月12日返回重庆。[③]这次对西北的资源、工矿、水利、交通、金融、商业、农林、畜牧等情况进行考察，并在当时产生了很大的影响。认为“这当然是件令人感奋的事”，“假使政府与人民，中央与地方，咸能和衷共济，不惟新西北的建设易见实现，必胜必成的抗建伟业，亦将多所利多”[④]。

1943年6月，国民党中央设置局组织西北建设考察团赴西北考察。此次考察，“于六月七日出发，经河西走廊由酒泉折至玉门，由安西折至敦煌，视察入通南疆之阳关古道。再由安西经星星峡入新，自七角井转天山北路入迪化，西至伊犁，达霍尔果斯边卡。再回迪化入南疆，经疏附、疏勒（喀什噶尔），达和阗、策勒，另经吐鲁番及鄯善、哈密，回至兰州。由兰州如青海至西宁，再至倒淌河视察青藏公路，转三角城、察汗城海边视察牧区。再由兰州至

①②程 霖，王 昉，张 薇.中国近代开发西部的思想与政策研究（1840—1949）.上海：上海人民出版社，2007，177

③④程 霖，王 昉，张 薇.中国近代开发西部的思想与政策研究（1840—1949）.上海：上海人民出版社，2007，178

宁夏，北越贺兰山至阿拉善旗之定远营，复至黄河西岸视察河套垦区。经华家岭折至陇南天水故郡……为时八月，历程共一七〇二二”，“其在各地分别考察参观之短程尚未计入也。”[①]这次考察的对象“计为铁路、公路、水利、农业、畜牧、垦殖、工业、矿业、卫生、民族、教育，共十二个部门”[②]，每一个部门都有一名当时知名的专家学者负责。罗家伦认为这次考察的任务：“本团使命为考察西北五省建设现状，拟具战时及战后十年建设计划，以备垂择。其工作性质与一般科学考察团之注重某一部门类中某一事实之发现者，实异其趣。故本团之工作应为全面的、综合的，旨在认识西北五省在各项建设部门中已有之基础、现在之缺陷及今后发展之可能，从而采取改进发展之途径。同时更就各部门发展之进度互相配合，以求得彼此间之密切联系。尤有进者，西北五省，在整个建设方案中，各有特殊地位，允当各就所长充分发展，俾克尽其应尽之责，同时更须从全国之观点，估量西北五省在全国之建设方案中，究应占何种地位，以与其他区域互相配合。”[③]这次考察是国民政府对西北考察门类最齐全、内容最详备的一次。

国民政府所组织的考察团对西北实地的调查，既推动了西北的开发，也为西北的建设提供了一手资料。在考察团的推动下，一些个人和团体也出发到西北去考察，其中既有新闻记者、作家，也有金融家和企业家。西北考察团回来后，其关于建设西北的计划和方案就具有针对性，能做出正确的选择。

民国时期，中国掀起了两次西北开发的高潮，从对西北开发的提出和对西北开发的认识，国人从各个方面支持西北开发，为西北开发贡献力量。国民政府对西北开发的方案和计划以及组织考察团对西北的调查，为西北开发和建设的顺利进行提供了翔实资料和前提准备。

---

①②③罗家伦.西北建设考察团考察经过报告.西北考察团报告，台北，1968.见：程霖，王 昉，张 薇.中国近代开发西部的思想与政策研究(1840—1949).上海：上海人民出版社，2007，179

三、国民政府开发西北方案的意义

通过国民政府对西北的考察和对西北开发方案的提出，可以看出国民政府对西北开发的重视。同时国民政府开始制订开发西北的计划和方案,其中一些建设西北的方案是根据国内的情况和西北的现实而制订的，既有可操作性,而且其开发理念也具有前瞻性。一是20世纪30年代通过西北考察团的考察,国民政府制订了西北开发的计划,也是西北开发进入了实质性的建设阶段时期。由于资金的问题,国民政府就西北开发的进程提出了轻重缓急建设的方案,为了保证西北开发稳步推进,确定“分期开发、分区开发、分事开发”的原则,初步确定以十年为期,将西北建设分为准备、推进、完成三个阶段,并具体拟出各阶段应举办之事项。[①]这一时期,坚持基础设施建设为主,把交通、水利、矿产列为准备期的开发重点;确定了陕、甘、青三省建设先行,并把兰州、西宁与西安、洛阳一起列为西北四大中心城市,拟以这些城市为基点,互为依托,逐次向四周辐射等。[②]二是国民政府的西北开发是建立在对西北的详细考察之后而做出的有计划、有目的和有步骤的开发。西北考察团的成员都是各方面的专家，他们对西北的调查或研究是建立在科学和事实的依据之上,所以国民政府对西北的开发方案也是有的放矢,符合建设的规律。抗战时期,国民政府不得不调整西北开发的政策,使西北开发成为战时经济的一部分。但是不可否认,国民政府关于开发和建设西北的方案是具有科学依据及前瞻性的。

---

①申晓云.三十年代国民政府开发西北模式考论.见:张宪文主编.国民政府与中国社会转型.南京:南京大学出版社,2011,222

②申晓云.三十年代国民政府开发西北模式考论.见:张宪文主编.国民政府与中国社会转型.南京:南京大学出版社,2011,222～223

第三节 民国时期西北开发的特点

民国时期的西北开发具有以下几个特点。

一、宣传和务实并重

在西北开发之前，国人对西北的认识停留在“气候严寒，地广人稀，经济文化落后，或饥荒、旱灾和人口逃亡”这一简单印象之中。但西北被国人真正地认识，是西北报刊对西北现实的描述和开发建设必要性的分析。同时，国民政府的西北考察报告，都向国人介绍着西北：西北有大量未开垦的荒地，有丰富的矿藏，有丰饶的农产品和畜产品，有淳朴的民众，有绵延漫长的边境线。其地位之重要，开发之迫切都被国人所认识。通过宣传，人们对西北有了切实的了解，并在西北开发思潮的推动下，制订了详细的、缜密的开发和建设计划。“因此，目前我们要订建设计划，要以我们现有人力、财力、物力所能供应的程度为标准。第一，计划要实际，第二，要能应急不求远大，第三，要因时因地制宜，第四，要精密。”[①]否则“若漫无计划，徒劳无益”[②]。同时，西北开发要发展生产，解决老百姓的吃饭问题，“老百姓没有饭吃，无衣穿，土窟窑门，成了现在西北同胞接受外来文化的禁锢。”[③]所以，只有西北民众的生活改善了，生活质量提高了，西北的其他建设才能顺利地进行下去。在有关建设新西北的思想中，有很多认为西北的建设应该从基础方面开始，以求西北人民得到最大的实效，这一务实的思想更反映出其对西北的重视。

二、在建设西北的理论与实践的认识上都有突破

这一时期，考察西北的专家和关注西北的知识分子，对西北开发和建设

①董汝舟.战时西北建设之基本原则.新西北月刊，1939，1(3):23

②董汝舟.战时西北建设之基本原则.新西北月刊，1939，1(3):20

③编 者.今日之西北问题.新西北月刊创刊号，1939:1

的认识和分析，都建立在西方先进的理论基础之上，所以其理论的深度及对问题的分析都具有先进性和前瞻性。这既要考虑到西北建设的一般性，还要考虑到其特殊性及紧迫性和长期性。特殊的地理环境和人文环境使西北的开发和建设要因地制宜，以促进西北社会的进步和发展。如西北民族问题的解决就要从民族政策、民族教育以及地方政府各个方面协调配合，才能改善民族关系，使西北开发和建设达到预期的结果。“西北开发首先是由政府发出的号召，但是人们并不盲从，而是首先对为什么开发西部，西部的历史、地理及资源概况，西部值得开发的优势等一些前提问题做广泛深入的探讨和思考，这比起以往来说在思想认识上是一个很大的进步。”[①]“开发西北之理由甚多，兹举起要者：一为救济民生，一为巩固国防，一为发展文化，一为团结民族。”[②]这些都说明，在对西北开发和建设的认识上，人们站得更高。一是新西北的建设应该从西北现实出发，制订开发和建设的计划，所以新西北的建设是建立在事实依据上，并在新理论的指导下进行的。二是关于建设西北的一些理论体现了创新和进步的特点，如实地考察，建立实验基地，注重生态环境和可持续发展等方面，就是站在理论的高度进行西北开发的活动。还有如平等、民族自治、三民主义等一些先进的社会理论在西北社会建设中的应用，不仅指导并推动着西北社会的发展，使西北的农业、工业、金融等方面有了很大的发展，人口素质有了很大的提高，而且丰富了新西北思想，使其内容更为完善且具有时代精神。

三、既注重基础又综合考虑

在建设西北的思想里，凡论及西北某方面的，均认为这一方面是最为重要的和急需要发展的。如论述西北教育者认为发展西北教育最为重要，“于此

①程　霖，王　昉，张　薇.中国近代开发西部的思想与政策研究(1840—1949).上海：上海人民出版社，2007，168

②郭维屏.开发西北谭.新西北(上海)，1932(3、4合)：9

我们知道开发西北，教育是最重要的了；假设我们仍不从教育上着手使大家一致的努力，徒自少数人唱唱高调有什么用呢？”[①]有的认为发展西北农业十分重要，农为邦本，西北开发和建设的核心就是发展农业。有的认为，“因为政治是国家的原动力，政治有办法，一切才有办法。那么我们研究西北的政治建设，显然是一个最重要的问题。”[②]也有论者认为西北的民族问题是一个重要的方面，民族问题没办法，其他的建设将无从谈起等等。这说明西北社会在整体上是落后的，西北的建设是要全面进行的，而基础建设是迫在眉睫而首先要进行的。所以，对西北的开发就要从基础建设开始。“综观这两次开发，最为显著的特点就是从基础设施入手，基础性的建设成就很大，像公路、铁路的修建，水利设施的改善等等。基础建设则为工农业的发展创造了条件，工业方面，如纺织、面粉加工、皮革加工、电气工业等与人民生活密切相关的产业有了相当大的发展。农业方面，如良种推广、新式农具的应用等则直接促进了农业的进一步发展。综观这些基础性产业的兴起和发展，一方面切实地解决了西北人民的生存、生活问题，另一方面为以后的进一步综合开发打下了一定的物质基础。”[③]对西北进行基础建设时还要从大处着眼，综合考虑。西北社会是一个整体，开发活动是一项复杂的工程，需要各方面的配合与协调才能取得成功。所以，西北开发和建设要综合考虑，使整体和局部相结合，斟酌轻重缓急，循序渐进，“若不权其缓急，则实有眼花缭乱，无从下手之慨”[④]。

四、全国性开发活动

这一时期的西北开发是由政府提出并实施的，也是在全国民众的支持

①张子清.开发西北中的教育问题.新西北创刊号(河南)，1933:10

②童蒙圣.西北的政治建设.新西北月刊，1939，1(3):14

③程　霖，王　昉，张　薇.中国近代开发西部的思想与政策研究(1840—1949). 上海:上海人民出版社，2007，190

④秦孝仪.革命文献89辑.台北:中央文物供应社，1981，73

和积极参与下进行的,尤其是知识分子和学者建言献策。他们建设西北的思想不仅值得借鉴,而且也丰富了新西北思想。一是国民政府的建设活动。西北开发时,国民政府组织了几次大规模的考察西北的活动,考察团的专家从各个方面对西北进行了调查和分析,为全面的西北开发做了准备。抗战时期,西北的开发和建设取得了很大的成绩,这是因为国民政府的政策倾斜和资金及其他方面给予的支持。二是全国人民参与开发活动。抗战时期,东南等沦陷区的人民和工厂迁入西北,这些人员也成为开发和建设西北的人才,而对于西北人民来说,其必然地参与到西北开发和建设之中。三是对知识分子来说,他们对西北开发和建设的贡献主要体现在以下几点:

(一)撰写文章,研究西北

在西北开发时期,一些有识之士和专家学者深入到西北,进行实地考察和研究,对西北的真实情况有了了解和研究,然后有的放矢地、有计划地开发和建设西北。这些都为人们还原了一个真实的西北:西北有过辉煌灿烂的历史文化,有丰富的矿藏、广阔的土地。这会激发人们开发西北的决心,凝聚全民族的爱国之心,增强民族的自尊心,以达到共同抗击侵略者和企图分裂瓦解中国的野心家。“我民族此次抗战,为历史上空前大业,我们战争的目的,不仅是驱逐日寇,恢复固有的独立自由,还要建立一个理想幸福的新中国。”①

(二)对国民政府开发西北的批判及建议

知识分子以自己的责任感和使命感,关注西北,为西北的建设建言献策。同时,对于政府对西北的态度给予了批评,如西北开发时期,国民政府致力于在东南各省争夺,对西北地区漠然视之,致使西北成为落后的、灾难频发的地区。这也给外国侵略者以可乘之机,积极分裂西北地区。“九一八”之后,国民政府对西北的态度更遭到他们的批评,“当东北三省沦陷时,开发西北的声浪便高唱入云。政府方面常派员视察陕甘,银行界亦多派人前去考

①蒲　宁.论西北文化.西北研究,1943,6(5、6合):24

察,热烈踊跃,大有蓬勃气象。幕外的观众亦都暗自心喜,以为中国的半壁江山,不久亦许恢复成汉唐盛世的繁华世界,然开发西北的调子虽然鼓吹了这几年,不但没弄出半点具体的成绩来,甚至连这个空调儿亦没人唱了。”[①]由于西北乃至中国的政治还没有走上轨道,造成西北开发和建设没有得到全面进行,也没有取得期望的成果,所以他们就公开批评国民政府,“一因意见分歧,一因离开民众。民众对党不信任”,造成西北开发的“各种事业仍和以前一样糟糕,因为空说的人多,做实际的人少”[②]。知识分子对政府西北开发的批评,一方面是对于西北的关注以及对建设新西北的期望很高。另一方面,也是对政府的监督和督促,使西北开发和建设真正地进行下去。其中还有一些开发和建设西北的建议是很中肯的,具有借鉴的作用。

(三)开发和建设新西北思潮的推动者。

在西北开发和建设中,知识分子是新西北思潮的推动者。他们通过著书立说介绍西北,为西北开发和建设建言献策等等,形成了一股建设西北的思潮。同时,新西北思潮对西北民众起到了开启民智的作用。

尽管民国时期西北开发和建设由于各种因素并未取得预期的结果,但是其开发和建设新西北的思想具有时代特征和进步意义,值得借鉴和反思。

---

①金 鉴.开发西北的“人”与“财”问题. 边疆半月刊,1936,1(4).见:宗玉梅.20世纪30年代报刊媒介与西北开发.史学月刊,2003(5),58

②光 宇.西北文化促进会与时局.西北,1929(2).见:宗玉梅.20世纪30年代报刊媒介与西北开发.史学月刊,2003(5):58

第三章　西北开发的思潮与西北报刊

民国时期，在国民政府和民间社团的推动下，在报纸杂志舆论的造势下，形成了一股开发和建设新西北的思潮。尤其是西北报刊不仅向国人宣传和介绍西北的一切，而且对建设新西北提出了自己的建议。

第一节　西北开发思潮的兴起

在国民政府提出开发西北的呼声之后，各种民间社团和报纸杂志关注西北、研究西北，为国民政府的开发西北建言献策，也监督和推进着西北的开发和建设。

梁启超认为，思潮为"凡文化发展之国，其国民于一时期中，因环境之变化，夫与心理之感召，不期而思想之进路，同趋于一方向，于是相与呼应汹涌，如潮然"。故思潮，"凡'思'非皆能成，'潮'，能成'潮'者，则其思必有相当之价值，而又适合于时代之要求者也。"①而社会思潮应是在整个社会中，或在一个阶级、一个集团、一个层次的人群中，形成潮流的、关于看待和解决社会现实问题的思想主张。②民国时期西北开发之所以形成一种社会思潮，是为了解决当时中国主要的民族矛盾和西北的落后而提出来的。为了挽救民

---

①梁启超.清代学术概论.见:赵立彬.民族立场与现代追求——20世纪20—40年代的全盘西化.北京:生活·读书·新知三联书店,2005,1

②陈胜粦教授谈中国近代史研究从何突破. 学术研究.见:赵立彬.民族立场与现代追求——20世纪20—40年代的全盘西化.北京:生活·读书·新知三联书店,2005,2

族危机和寻找中国的出路,唯有开发西北。自 1928 年国民政府提出西北开发以后,全国掀起了开发和建设西北的高潮。于是“政府当局与私人方面汲汲焉无不以建设西北为当务之急。于是年来所发表之开发计划犹如雨后之笋、江心之鲫”①。西北开发的思潮之所以成全国性的,是因为西北开发对于当时的中国来说,不仅具有价值,而且适合时代潮流。首先,西北开发不仅可以巩固国防,挽救民族危机,防止西北步东北之尘,而且能改变西北的落后和贫穷,使西北成为中国经济发展的基点。当国民政府提出西北开发以后,立即得到全国人民的支持和呼应,他们或游历西北,或考察西北,或捐助西北,或为西北开发和建设建言献策,一时间各种关于开发和建设西北的计划、方案以及对西北的研究成果纷纷出炉。于是“建设西北”,“开发西北”,“到西北去”成为人们的口头禅,“年来则不惟有在野的一般人士大为注意她(西北),即在政府方面也大有乘众勇可资而导之前焉的气概,呐喊开发,如出一口。这种声调唱的日高,现在谁都充耳‘可得而闻也’了!”②

其次,西北开发提出时,有两种声音:一是全国性的积极地推动西北开发和建设的思想主张和活动,而另一个是对西北开发的质疑之声,这一声音尽管不占主流,但从另外一个角度反衬西北开发思潮的规模和影响力,丰富了西北开发思潮的内容,也可以对当时中国开发西北思想现状有一个清楚的认识。“九一八”之后,国人提出西北开发而且成为一股思想潮流,针对此,有人认为,“帝国主义者对于这有边无防、宝藏弃地的中国,都是在垂涎、觊觎、侵略,目前东北已沦于暴日,大家才手慌脚乱,而却谁也拿不定主意怎样干去,在这种可笑亦复可怜的浓厚的黑压压的空气弥漫之下,忽然有些人群起唱言开发西北,有的便以此为光明之路,我却以为这是更可怜亦复更可笑了……但请问现在是什么时候,从前为什么那样不肖,大家都效群鸡争食于内地?不客气地说,当兹寇深势迫之际,国家不于图生存则

①邹次硕.开发西北之重要与前提.新西北创刊号(河南),1933:1

②零.为西北开发声中的烦言进一解.新西北创刊号(河南),1933:14

已，欲图生存则惟有一战以决耳”[①]。还有的认为国人积极提倡开发西北可以发展中国的民族资本主义，事实上“则未免近于玄想”，因为“即使勉强能够开发了西北，亦不过为国际资本主义多辟了一块新发展的区域”[②]。现在如果开发西北或建设西北，还不如“繁荣东北去”。无论是从哪一个角度论述西北开发，都说明西北开发思潮的影响力之大，也是对西北开发价值的思考和认识。

最后，西北开发思潮之所以在短时间内形成，缘于当时大众传播媒介——西北报刊的作用。西北报刊使西北开发的思潮上通下达，使西北开发有了群众基础，也使西北开发思潮有了受众并快速地传播开来。无论是政府开发西北的政策和活动，还是民间团体和个人对西北开发的思想和主张，都通过西北报刊传播开来。“这一思想主张具有完整的理论形态和充足的发表途径，它的提出，造成了一定的社会影响，引起了社会各界的不同反应。”[③]

通过对思潮概念的认识，我们知道西北开发思潮是中国社会在面对主要矛盾时出现的一种思想观念，其与中国时代特征一致，也具有了时代的内容。同时，西北开发思潮的价值也在于对西北地位重要性的认识，当时无论是正面的还是反面的思想主张，都在一定程度上丰富和完善了西北开发思潮，使其思想主张更饱满。而这一思潮的兴起、传播乃至西北开发活动的实践都与西北报刊有着直接的关系。

第二节　西北报刊的创办

一、西北报刊的创办

在开发和建设西北的呼声中，有许多的报刊创办起来，以宣传和研究西

①②零.为开发西北声中的烦言进一解.新西北创刊号（河南），1933：15

③赵立彬.民族立场与现代追求——20世纪20—40年代的全盘西化.北京：生活·读书·新知三联书店，2005，2～3

北。如 1932 年 7 月，由国内 200 多名学者名流发起成立了西北问题研究会，并加入废止内战大同盟。同年 8 月 31 日，西北问题研究会在西安成立分会，邀请了杨虎城、邓宝珊、续范亭等陕西省党、政、军要人参加了会议，会议选举赵守钰、蔡雪村、张兆骝、张丙昌、赵自鸣、李礼址、南汉宸等 17 人为分会理事，并决定创办《西北问题季刊》。该分会于 1937 年在西北成立了西北研究社，发行《西北研究》(月刊)。同时，还有各种研究西北问题的刊物，从自己所定位的方面研究西北，发表各类文章，积极主张开发和建设西北。当时，关注西北的刊物有上海西北学会研究部的《新西北》、河南大学西北研究会的《新西北》、兰州的《新西北月刊》《西北论衡》《西北研究》《西北晨钟》《西北》《新亚细亚》《西北问题周刊》《西北言论》《西北公论》《西北先锋》《西北文化》《西北农林》《西北角》《陇铎》《开发西北》《西北周刊》《西北问题季刊》，等等。不同的报刊其关注的重点也是不同的，如《新西北月刊》侧重研究甘宁青的情况，《西北研究》侧重对陕西的风土人情和西北开发方面的言论，《西北论衡》为纯西北实况的介绍和研究，《西北角》注重西北政论问题的研究，《陇铎》注重对甘肃实况的介绍和讨论，等等。

就西北报刊本身而言，在其创办之初或创办时遇到了不同的困难，但它们都秉承一种执着和探索的精神，克服困难，不懈努力，为西北开发和建设提出自己的建议。如《西北论衡》办刊人就指出："我们创办刊物的动机，不是以办刊物求名利，一贯作风：不愿用策论式或标语式几句门面话来博取一时的泄愤和快意，而是埋头苦干脚踏实地，希望在理论的探讨和实践经验中，寻出一条复兴民族，繁荣'西北'的大道来。"[①]为了切实地了解西北和研究西北，并向国人展示一个真实的西北，《西北论衡》的办刊人"为了纠正全国人士对西北错视的观念下了苦心；我们为了建设西北，促进全国人士的协力共赴下了功夫；我们为了明了西北资源的实况，曾派人足踏过西北的山野，涉过西北的河流，骑骆驼，坐牛车，把我们的心血滴滴点点地洒在广垠西北原

①本刊十一周年纪念谈西北建设.西北论衡，1943，11(3)：2

野;我们为了西北各民族间的精诚团结,在中央的领导下共赴国难,也曾派人作各民族间地域的考察,研究各民族间的风俗习惯的沟通问题,阐扬西北国防上的重要性,唤起地方人士对国家民族的责任心"。通过西北报刊,实现其办刊的目标,即"为文化事业而努力,为国家民族的利用而努力,为繁荣西北的事业而努力"①。西北报刊在出版之时就面临着没钱的现状,但是创刊人一致认为西北报刊是一定要办下去的, 无论遇到多大的困难或者在什么条件下,非继续出刊不可。有钱出厚本,无钱出薄本。如果再没钱的话,就买一个油印机出单张,或写壁报。如《西北论衡》由月刊而半月刊,由半月刊而月刊,再由月刊而季刊。针对困难和物价不断上涨而不断地做出调整。在抗战困难时期,西北报刊的报刊人仍然在为事业奋斗着,为民族利益和前途的责任感而不懈地努力着。同时西北报刊的定价都是比较低廉的,以不增加读者的负担。如《新西北月刊》,一册的定价是三角,国内的邮费是二分,预定半年六册的价格是一元五角,国内无邮费,预定一年十二册,为三元,也无邮费。《西北研究》,1939 年的定价是国币一角,半年是一元二角,一年是二元四角。到了 1940 年后,每份的定价仍是一角,半年定价为二元。《西北论衡》在 1940 年 9 月由于物价的高涨,印刷成本"激涨不已","若不设法补救,势难继续出刊,迫不得已",而决定涨价:"计订阅全年连邮十二元,半年连邮六元,零售每期一元,外加邮资二分。除原有订户仍照常寄发外,自后订阅及零售,一律按照上列价目收费,诸希亮詧是幸"②。

通过西北报刊的努力和艰苦奋斗,"追往史迹, 国人对西北由漠视不清到逐渐了解,由口号标语到实际行动的建设"③。其中"若干主张,已经为中央或地方政府所采纳;若干问题,已经引起同业及一般读者之讨论"④。

---

①③本刊十一周年纪念谈西北建设.西北论衡,1943,11(3):2

②西北论衡社发行部谨启.本刊涨价启事.西北论衡,1941,9(8):29

④编　者.卷头语.西北研究,1940,3(1):3

二、西北报刊的宗旨、定位和内容

从西北报刊的宗旨来看，由于西北报刊都有其研究或关注的重点，所以其实现的目标也是不同的。如《西北研究》最初的宗旨就是通过其自身平台，使“一、西北实际状况，为西北以及全国人士所明了；二、西北地理环境，得局部以致全部之改造；三、西北农林矿产诸建设，能次第兴举；四、西北人民生活，农村社会，有彻底改进。随时代而进步，以簇新的姿态，站立于中华民国的一隅，确实负担起抗战建国后方重要的根据地的责任”①。为了适应中国主要矛盾和危机，西北报刊不时地调整自己的内容，以便更好地服务于西北开发和西北社会。《西北论衡》在抗战时期，就调整了自己的内容，指出西北的建设重点是交通和垦殖，对西北开发中不和谐的因素提出了批评，指出西北开发“应站在国家民族的立场上，不容许怀抱地方主义的狭窄观念，更不许自视太高而怀有轻视地方的卑污观念”。“西北建设是国家民族的利益，我们大家站在国家民族的立场上，有计划有组织的谋建设的完成”②。

从西北报刊的定位来看，不同时期不同的报刊有不同的关注点。抗战前的西北报刊，如《新西北》是“偏重于学术之研究与讨论西北之实际问题的刊物”③，“其目的在促进西北文化之发展，提高西北民族之地位”④。这一时期，东北被日本侵占，西北的国防地位受到国人的重视，西北报刊从巩固和建设西北国防的角度出发来研究西北，并指出开发和建设西北的重要性，并以此来发展西北，改善西北人民的生活。他们认识到要开发和建设新西北需要从西北的政治、经济、文化和民族等诸多方面入手。《新西北》创刊词中提出：从历史言之，“凡我国人都应注意西北，认识西北，努力改进西

①编　者.卷头语.西北研究，1940，3(1)：3

②本刊十一周年纪念谈西北建设.西北论衡，1943，11(3)：3

③本刊启事.新西北创刊号(上海)，1932

④郭维屏.新西北创刊词. 新西北创刊号，1932：1

北,使中国文化能普遍发展不致畸形之现象”。中国的文化发展,是由西北而东南的,西北是中华民族文化的发祥地,但是百年以来,西北交通梗塞,“与西洋之物质文化,不易接触”[①],再加上本身的条件,使西北在各方面都很落后。创办此刊的目的和责任就是要发展西北的文化,“夫一国之文化不平均,则一国人民之知识难平等,一国人民之知识不平等,则其意志亦难一致统一。国人意志,既不统一,则对内不足以建设,对外不足以御侮,其危亡可立至矣”[②]。为了挽救中国的危亡,应该先努力发展西北的文化,这是本刊的责任之一。从地理上看,西北诸省,地域辽阔,物产丰富,“值此全国患贫之际”,开发和建设西北十分重要。西北在边防上的地位人人皆知,“凡我国人,不能不作最后之防备。时至今日,欲救中国,当注意边防,欲救边防,当先巩固西北。西北不保,则中国勿救矣”。所以本刊的第二责任就是“以唤起全国人士对于西北的注意,借谋挽救中华民国之危亡”[③]。从西北的民族来看,西北各民族由于没有受欧化的影响,生活上没有“习惯奢靡,性情浮动”的现象。西北各民族“耕田凿井,从事劳动,体魄既壮,意志亦坚,对于异族,不媚不阿”[④],在救国的运动之中,其必然能担当起重任来。同时,发展西北的文化,可以提高各民族的认知能力和辨别是非的能力,“否则奸人从中挑拨,意见既生,争斗自起,小则贻害地方,大则危及国家,是可知欲增进民族身体之健康,统一民族之意识,培养民族之爱国精神,吾人不可不有此刊”[⑤]。到了抗战时期,西北报刊的关注点也发生了很大的变化,如《新西北月刊》在创刊词中就认为,西北的任务是抗战,西北报刊的目的就是唤起西北各民族团结的意识,使西北在抗战中发挥积极的作用。还有其他的报刊如《西北论衡》《西北研究》等都从支持抗战的角度阐述西北的开发和建设。“过去的西北,既为我民族最初的长养地,今日的西北,必然为我民族最后的决胜点,古人所谓‘发于东南,成于西北’,此次对日抗战,更在抗战中完成建国

①②③郭维屏.新西北创刊词.新西北创刊号,1932:1

④⑤郭维屏.新西北创刊词.新西北创刊号,1932:2

的任务，必然会迎合此言。”[①]同时，对西北开发和建设也进入了全面阶段。从各个报刊文章的内容来看，有的认为开发西北“一方开发利源，作长期抗日之准备，一方巩固边陲，免政府西顾之忧，一举两便，计无此过”[②]。有的则从开发西北和振兴西北文化的角度出发，认为西北“开发和建设之途多端，不无偏重。抗战方酣，首重富强，富强之道，要以农工二者为其基：故言西北之水利开垦、林牧矿藏、轻重工业等建设，皆富强之道也。而文化乃民族之精髓，国家之命脉，故灭人国者，恒先夷其文化，是以文化一事，不在富强之下”[③]。有的则从西北在国防上的地位论述西北开发：“自东北事变，日本傀儡溥仪成立伪满洲国以来，西北回蒙藏民族，外受帝国主义之诱惑，内感之隔阂漠视，由少数人之倡导，纷纷脱离中央，而作独立自治之运动”，如果不开发西北，解决西北的民族问题，西北“将不免为东北之续”[④]。这些文章有的从宏观的角度谈西北开发，有的从某一个方面如农业、矿产甚至西北的土壤和气候方面谈及。他们以作者的专业和责任感来发表对西北开发和建设的看法，推动着西北的开发，丰富着西北开发的思想内容，也掀起了西北开发的思潮。

从西北报刊的宗旨、定位和内容来看，其就是为西北开发服务的，而且坚持着艰苦奋斗的作风，秉承为国家、民族图发展的宗旨而不懈地努力。无论是办刊人自己深入到西北地区，还是克服困难努力出版，他们力求真实、力求探索，研究问题、解决问题，为西北开发和建设提供翔实的资料，以求为民族资产贡献，为读者提供满意的研究成果或报刊内容。

---

①邵力子.新西北须由抗战中锻炼出来.新西北月刊创刊号，1939：58

②蔡元太.建设新青海刍议.边事月刊，1932

③杜学知.西北文化建设刍议.新西北月刊，1944，7(4)：30

④马鹤天.最近西北之危机与交通之急需.开发西北，1934，1(1)

第三节　西北报刊与新西北思想的关系

一、西北报刊的功能

民国时期的西北报刊,是中国社会各界对西北开发和建设的支持,反映了国人对中国局势的忧虑以及寄希望于西北以挽救民族危亡、建设富强中国的愿望和期待。西北报刊对西北的关注不仅仅是地域性的,而是从全国的,甚至是世界的视角来要求西北开发和建设的目标。从西北报刊的功能来看,其发挥了以下作用。

一是宣传西北,使国人对西北有了初步的了解。西北报刊着眼西北,对西北的介绍涉及历史、文化、社会以及自然环境等方方面面,并从中国的现实凸显出西北地位的重要。西北有丰富的矿产可资开发,有广阔的荒地可以垦殖,质朴、勇敢的西北民族可以成为西北开发和建设的主力、抗击敌寇的生力军,还有许多方面都可以用来发展和建设西北乃至中国的经济。但是,西北的社会不仅十分落后,而且制约着中国的发展。所以,在西北开发中"应该振作精神……为求中华民族之生存和消弭世界残酷的战争,我们实有巩固开发占全土四分之一而人口稀少的西北大高原之必要。赶快到西北去吧!赶快去这宝藏之地吧"。西北报刊对西北的宣传主要基于以下几点:一是西北是中华民族的摇篮,二是西北是国防上的堡垒,三是西北是支持抗战的大后方,四是西北是建国的根据地,五是西北是蕴藏着无数资源的宝库,六是对西北好与坏的公论,七是西北建设工作的配合问题,八是未来发展像阿根廷和澳大利亚的畜牧业,九是对西北水利的认识,十是西北的绿化,十一是西北的交通,十二是开采地下的财富,十三是西北丰富的能源,十四是西北的工业化,十五是西北与中国的前途,等等。通过对西北的宣传,使国人认识到,"西北是中国的军械库,它把这儿的人武装起来,使黑暗永远抬不起头来;西北是中国的万宝囊,无穷尽的农林矿产,根绝了中国的穷困贫苦,也增加了全人类的幸福。大西北工作人员，都认清了这一点，他们正在积极努力，使西北一切可耕的田、可牧的地、可造的林、可开的矿，尽量的利用。力图改良，务必做到人尽其才，地尽其利，物尽其用，货畅其流，加速完成建设西北的伟大工作，使古树抽出新枝，使中国成为人类的卫士和保姆。"①在宣传和介绍之后，曾经被人忽视的西北、荒凉和苦寒的西北成为人们关注的焦点。许多有识之士相继于道，考察和研究西北，并以游记的方式记录了自己的所见所闻，这样西北被更多的人所认识所关注。

二是为西北开发建言献策。西北报刊从其定位就可以知道是关注西北并为国民政府的西北开发建言献策，规划新西北的蓝图，并监督政府西北开发的言行。如《西北研究》在其创刊词中明确指出："要建设中国，必先建设西北；要建设西北，必先开辟西北交通路线。"②无论是对西北某一方面问题的研究、调查，还是对西北开发的建议和意见，其都是在阐述西北开发的建议，希望政府能够采纳，"以研究所得，供政府之参考，增国人之知识，其与国防之贡献必大"③。在西北报刊等传播媒介强大的舆论推动之下，国民政府认识到"西北的建设不是一个地方问题，是整个国家的问题。现在沿江沿海各省在侵略者炮火之下，我们应当在中华民族发源地的西北赶快注意建设"④。同时，在舆论的监督和推动下，国民政府也调整着对西北开发的政策，尤其在抗战时期，西北开发被放在国家战略的高度上。当然这一时期西北的开发和建设，在一定程度上也改变了西北社会原来落后的状况。文章中所提出的建设西北的方法和所要达到的水平，是一个建立在理论的高度和理想的设想之中，要达到其所设想的程度是不可能的。但是，其对建设新西北的设想和认识还是对以后的西北开发和建设有所借鉴。

①王劲草.建设西北与中国前途.西北研究，1943，6(9、10合)：13

②创刊词.西北研究创刊号，1931：10

③④宋子文.西北建设问题.中央周刊，1934，14(1).见.宗玉梅.20世纪30年代报刊媒介与西北开发.史学月刊，2003(5)：57

三是增强了西北社会民众的凝聚力。在西北开发之前，由于历史的原因和宗教习俗的不同，西北各民族之间的矛盾和隔阂很深，在西北开发时，要"务须依照中山先生所说使国内各民族一律达到真正自由平等的地位，毫无高下优劣之分。同时应尽力发展边疆教育，提高其文化水准，使之深明世界的潮流，国家的现势，自可消弭褊狭种族之见以及互相仇杀之事"[①]。西北的开发和建设需要西北各民族之间的团结才能取得成功，尤其到抗战时期，更需要发挥西北民众勇敢、质朴的优点，共同抗击日寇。"抗战展开后，各族均凛国家沦亡、民族覆灭之危机，非团结一致，不足以抵御外侮，复兴中国，率能泯除种族之畛畦，放弃猜嫌之成见"，所以西北各民族要团结起来，"为整个大中华国家民族存亡而奋斗"[②]。在西北开发和建设时期，西北报刊大力宣传平等的民族政策和西北曾经的辉煌历史，在一定程度上也提高了西北各民族的凝聚力。

四是推动西北社会的进步和发展。在西北报刊的呼吁和监督之下，西北的社会也有了很大的发展。一方面，从西北报刊文章的作者的构成来看，有关注西北的学者，有各方面的专家，还有西北的地方官员，他们从各自的角度观察西北的问题，并提出解决问题的方法，这就丰富了西北报刊的内容，也提高了西北民众认识问题的能力。如甘肃省主席朱绍良就在《新西北月刊》上发表了若干文章，从务实的角度分析了甘肃政治不良的原因，提出改善甘肃紊乱政治和发展甘肃政治的做法，从财政、民生、民族、吏治等方面进行改革，"一本过去'军事第一''节约第一'之原则，以协调整齐之步骤，与艰苦持久之精神"，"达成保卫西北，建设西北，发挥抗战力量，进而收复失地之使命"[③]。同时，西北报刊还对西北开发的成果进行检讨和回顾，使自己与西北开发活动同时并进，推动着西北的建设。尽管地方官员对自己所取得的成绩多有溢美

①毅　人.西北的范畴与亟应纠正对西北的几个观点.西北论衡，1939，7(21)：4

②朱绍良.甘肃政治之今昔观.新西北月刊创刊号，1939：12

③朱绍良.甘肃政治之今昔观.新西北月刊创刊号，1939：14

之词，但其中一些认识和建设还是很中肯的。尤其一些学者和专家，他们或从理论的高度研究西北，或对西北某一方面进行全面和科学的研究，这不仅仅停留在片面的讨论或宣传阶段，而是有针对性的客观认识。无论是对西北开发的认识还是对西北建设的检讨，西北报刊都把当时研究西北的最新研究成果和最先进的理论传入到西北，对西北固有的观念产生了一定的冲击，使西北社会中传统的观念和习俗向着近代社会的方向转变和演进。

二、西北报刊与新西北思想

西北报刊是大众传播媒介的一种。它的功能与其他的报纸杂志一样，记录着西北开发的过程，也推动着西北开发的进程；它使建设新西北的思想走向民间，使西北的社会发生着变化。到了西北开发时期，中国的报刊无论是办刊的理念，还是出版编辑以及印刷技术方面都趋向成熟，所以西北报刊的创立，是站在更高的起点上认识西北开发的活动，也推动着西北现代化的进程。

报刊本身就代表着近代文明，是时代的晴雨表。中国近代的第一份中文报刊是创建于 1815 年的《察世俗每月统记传》。自此以后中国就创建了各种报刊，记录着中国近代以来历次的社会思潮、政治思潮和文化思潮的方方面面。在近代传播媒介的推动下，中国“现代化进程中的变革速率是惊人的”①。从事大众传播媒介研究的美国著名学者指出：“没有传播事业的高度和有力的发展，现代社会所必需的人口、合作、工业化、教育和技能的基础就不能建立。”从报刊等传播媒介所发挥的能动作用看，他认为，“除非人民要求变革，否则变革就不会顺利地或卓有成效地进行。通常信息流的增长播下了变革的种子，也是信息开阔了人们的眼界，从而孕育了全国性的气候，通过使国家的一部分了解这个国家的其他部分……通过允许国家领导人同人民、人民与领

①[美]韦尔伯·施拉姆.大众传播媒介与社会发展.金燕宁等译.北京：华夏出版社，1990，41

导者和人们的相互间的对话；通过使关于国家政策的全部性对话成为可能；通过使公众经常了解国家的目标和所取得的成就，被广泛使用着的现代传播就能把孤立的社区、全然不同的亚文化群、自我中心的个人和集团与分散的发展，熔铸成为一种真正的全国性的发展。”①所以西北报刊与新西北思想有着直接的关系。一是新西北思想形成于西北报刊。从新西北思想的内涵来说，是作者把建设现代化的西北社会的设想和主张通过西北报刊反映出来，无论是从微观的建设西北社会的方面，如发展现代农业以及金融、信贷，或土壤的肥力，还是从宏观的角度研究西北开发和建设的规律与计划方面，都在西北报刊中得到体现并不断地完善。从西北报刊的功能和作用中，我们可以看出西北报刊与新西北思想的关系。二是从西北报刊的刊名或文章的题目，都体现出了当时人们的认识。如刊名，直接以新西北来命名的有《新西北》《新西北月刊》，还有文章题目以新西北为建设目标的，如邵力子的《新西北须由抗战中锻炼出来》、杨中坚的《新西北的建设与抗战前途》、汪万春的《西北农村经济的调整与建设新西北运动》，还有张聿飞的《从西北的宗教说到新西北的建立》等等。其以新西北的名目，也以新西北为建设的目的。这些建设新西北的思想主张和观念以西北报刊为平台而逐渐形成，逐渐成熟。所以没有西北报刊，新西北的思想是片面的、分散的，只有通过西北报刊，西北开发才能形成思潮，也才有新西北思想。

所以，无论是从报刊的形式上，还是在开发建设新西北的思想观念上，西北报刊都与新西北思想有着直接的关系。

①[美]韦尔伯·施拉姆.大众传播媒介与社会发展.金燕宁等译.北京：华夏出版社，1990，43～44

第四章　开发和建设新西北之经济思想

经济开发和建设是西北开发的重点，在开发和建设新西北的思想之中，经济思想所占比例最多也最为重要。国民政府从经济的角度审视西北开发并把西北开发纳入到国家经济建设的政策之中，所以关于经济建设的思想内容也最为丰富和深刻。首先，西北经济建设的重要性。从西北的地位来说，由于“今日之西北，乃抗战建国之重要根据地，自敌人封锁我沿海港口以来，一切物资，并非自给自足，即不能独立作战，自力更生。西北资源之不缺乏，地形之由掩护，均能适应战时物品之需求。故其开发，乃步入‘势所必然’之阶段。且西北现下处境之紧迫，苟我不自行积极建设，则前途之危险，真有不堪设想者在焉”①。从西北本身来说，“西北处境之困难，未有甚于今日者。缘一方面既为倭寇进攻之目标，他一方面有介乎各大强邻之间。苟不自行积极建设，则人必代我为之。现下新疆经济之情况，已成何种局面，谅为一般研究边疆情况者所深悉。陕、甘、青、宁等省之对外贸易，固因敌人之封锁而陷于困难。然战时需要之原料，已如以上述，西北产量甚丰，倘吾人能趁此积极开发，实乃自力更生之唯一机会。非然者，处此前攻后伺之环境下，其前途之危险，至为可虑。愿我朝野人士，共同努力于西北之开发，切勿坐失良机，以遗后患，则国家地方，均受其利。”②所以，为国家计，为地方的繁荣，必须先从经济方面开发建设好西北。其次，西北建设的性质。西北社会是一个整体的区域，西北的落后是全面的，所以西北的开发和建设也要考虑到各个方面的因

①刘友琛.西北经济建设之重要.西北晨钟，1941，2(1):3

②刘友琛.西北经济建设之重要.西北晨钟，1941，2(1):4

素，以促进经济全面发展。西北地处边疆，对于国防上的地位尤为紧要，所以，西北的经济建设要增强国防的力量，“应含国防经济性质者”。西北民族复杂，信仰不一，经济形态也十分复杂。西北的经济建设应以“经济的协调，求生活的融合”，本着一视同仁、平均发展的至高原则，使西北各民族均等发展，“故西北经济建设应含国族经济性质”。西北高原多，气候差，“反视西北民生之苦，迥非想象所及，辽荒千里，景物萧索，村落残败，人民疲弱……若谈经济建设，至急之切，尤应把握此特殊意义，力避点缀，首重回苏，救济农村，扶助边氓，奋其求生之念，奖以求生之道，从事生产，足食足衣，生产分配，同时解决”，所以，“西北的经济建设应含国民经济性质者”。西北为古代国际贸易的通道，到了近代内地与边疆的经济联系少了，而与西北相连的其他国家“输出入转增……以致形成一面倒的经济尾闾，其影响之深实非言可喻”，所以，西北的经济建设还要加强交通建设，缩短边疆与内地的距离，以增进联系，“更宜发展国际贸易，以求互惠，奖进技术合作，以求互利，庶几封域无外，危难共济”，“故西北经济建设应含国际经济性质者”。[①]最后，西北经济建设的特点。西北开发是系统性的建设，需要各方面的支持和配合。一方面，国民政府要从政策、资金和人才方面支持，另一方面，西北社会的各个方面也要同时开发和建设，为经济建设的顺利进行扫清障碍。从经济的角度看，发展经济包括农业、交通、工商业和金融，其中农业就有牧业、林业、水利、农垦等。同时，发展经济还要有良好的政治环境、新型的人才培养、和谐的民族关系，不一而足。“总之，我们相信建设西北，时机确已到来，诸如以上可谈水利、造林、开矿、筑路、畜牧、制革毛纺工业等问题，唯彼此相连，互相牵系。”[②]所以，西北的经济建设不仅要把经济方面的因素考虑到，而且也要把影响经济发展的社会因素考虑到。民国时期的西北开发由于战争的原因而具有战时的特点，在抗战时期，西北开发的原则之一就是“军事第一”，无

①编　者.正确认识西北经济建设问题.新西北月刊，1939，1(5)：1～2

②拓国柱.西北建设问题研究.西北研究，1943，6(1)：10

论是西北经济建设的认识方面，还是实践中，都要服务于战争，因而其局限性也在于此。针对特殊的自然环境和气候条件，西北的经济开发和建设要因地制宜，发展地方特色经济，如在适合农业的地方发展农业经济，在适宜畜牧的地区增加和改良畜产品，在矿产丰富和易开采的地方发展工矿业等等。

所谓开发，即人们为了自身的生存和改善自身的生存条件而对自然和社会所进行的一切斗争或改造活动。西北经济开发和建设主要是为了改善西北民众的生活，改变西北落后的现状。同时，通过西北经济的繁荣，促进中国的经济发展和进步。

开发和建设西北的经济思想包括交通、农业、畜牧业、林业、垦殖业和工矿业等方面，后面将逐一论述。

第一节　发展西北交通的重要性

交通是开发和建设新西北必须要完成的工作。西北的落后，源于交通的梗塞，西北社会的发展，必依赖于交通的发展。在西北开发和建设时就要发展西北的交通。“盖交通工具如人身之血管，未有血管破裂，而身体健康者”[①]。所以，开发和建设西北的交通运输业具有重要的作用。

一、发展西北交通的重要性

交通闭塞是造成西北落后和社会发展滞后的主要障碍，也是西北开发和建设的主要阻力。西北作为中华民族文化发祥地，地广人稀，物产丰富。但是，因为落后和交通的不便，内地的人不愿移民到西北来，西北的矿产也无法运输出去，致使西北更趋落后。在民国时期，国难日艰，国人才把目光投向落后的西北，而西北交通的重要性也成为人们关注的焦点。

①杨中坚.新西北的建设与抗战前途.新西北月刊创刊号，1939:68

(一)从经济来看

“交通为一切建设之先驱,尤以经济建设为然”①。西北的物产丰富,却没有开采的机器;如果有了机器,却因为西北地区崎岖多山、交通不便而无法把开采的矿产运输出去,这就影响了经济的发展。“退一步说,有资本矣,矿产亦开发矣,然将往何处销售?陕西延长之石油,为量至巨,足供全国消费。前十余年,仅有小规模之开掘,然因交通不便,而苦无地销售。”②同时,近代先进的技术和文化也因为交通的原因而无法传入西北,使西北仍然处在落后和封闭状态。如果到西北边地“行程数十日以至数月,岂属易为之事?然果人民赴边地能得到好处之生活,则亦许有自动冒险前往者”。但是,西北的交通不便,无法产生经济效益,也无法得到好处,这对投资者而言根本没有吸引力。所以,发展西北的交通,对西北的经济发展来说,具有十分重要的意义,如果“欲在现在西北交通状况下,斥谈开发富源,岂属可能吗?”③

(二)从国防来看

西北具有绵长的边防线,英俄对中国西北的经营和觊觎从未停止过,尤其俄国在我国的边境线上有发达的交通线,如果侵略中国则朝发夕至,而中国则因为交通的关系,累月累年不至事发之地。这样西北边境的危机可想而知,胜败自然明了。所以,要巩固西北的边防,就要发展西北的交通,一则便捷的交通可以防止侵略者对西北的野心,二则可以使西北的经济发展起来,改善他们的生活,使边疆人民成为巩固边防最有力最坚固的力量。

(三)从民族来看

西北的民族复杂,文化落后。西北各民族由于缺乏沟通和交流,造成他们冲突不断隔阂加深;西北和内地的情感也很淡漠。发展西北的交通,使西北各民族加强联系,增进彼此的联系和了解,减少隔阂和矛盾,这样才有利于各个民族的团结。

---

①唐培基.建设大西北之光荣.西北论衡,1942,10(3):36

②③云　青.开发西北之先决问题.新西北(上海),1932,1(3、4合):2

（四）从政治来说

西北社会控制在军阀和外地政客的手中，西北人民所受的压迫最深。由于交通不便，近代的政治观念无法传入西北，使西北人民在这种苛政之下呻吟。发展西北的交通，可以使西北的政治发展起来，步入正轨，使政治真正做到为民和保民。这也可以打破西北社会的孤立和封闭状态，加强内地和西北的联系，"东南的物质文明，易于输入"[①]，使西北社会和全国的发展一致。

（五）从军事来看

抗战时期，西北的交通因战争而得到了发展，同时也因为西北交通的发展，对抗战的胜利做出了积极的贡献。为了抗战的胜利和"确保西北的安全，必须加速建设西北与发展西北。关于建设西北的途径，自然是多方面的。但是，在今天，我们必须具有一个先决的条件，即是首先要注意交通的发展。因为现代交通对于战争的关系，是太密切了"[②]。抗战时期，西北是抗战建国的根据地，战略地位十分重要。一方面，确保军需物品运输之便利。抗战前方所需要的军用物资甚巨，并且要不断地供给，这就依赖于发达和便利的交通，把战争物资及时地送到前线，以支持抗战。"盖与否后方交通运输之便利实前方胜利所系。"[③]另一方面，抗战时期，中国与国际的交通线均被日军阻断，只有西北一线可以与苏联相连，国际支援的物资可以通过西北的交通而输送到前线去。西北的交通是支持抗战最有力的通道。所以"交通对于战争的意义，不仅在于动员军队，补充给养，它的任务在另一方面，还要维持一切与战争及后方民众有密切关系的运输，以加强作战的力量"，而作为根据地的西北，"它在二期抗战的今天，只有努力发展后方交通事业，才是一支持长期抗战的先决条件"[④]。

发展西北的交通，在各个方面都具有重要的意义，具有打通西北"血管"的作用，使西北的经济、社会、文化和其他方面都活跃、发展起来。尤其抗战

①郭维屏.开发西北谭.新西北(上海)，1932，1(3、4合)：14
②④莫　外.发展西北交通的重要性.西北论衡，1939，7(14)：6
③淦克超.建设西北的先决问题.新西北月刊创刊号，1939：36

时期，其对抗战的胜利作用更大。

二、发展西北的交通

西北的交通分为陆路交通、水路交通和邮电与航空。陆路交通有公路和铁路，又分为国际、省际交通线。水路交通有“黄河、渭河、汉水、嘉陵江、北洛水、伊犁河、额尔纳斯河，暨湟水等船运”，但“因为河道淤塞，水利失修，所以航运力很有限”①。“通航水道，共长三千公里，而百分之九十九只能通行木船或皮筏，并且通航水道在陕西，其他各省河道，很少可资利用。”②西北的交通骨干主要是陆路交通。“西北交通，素不发达，过去多靠骡马大车，近年来公路始稍微发达，但西北五省合计起来已成公路，其长不到二万五千公里，已成铁路，也不过三百公里，和辽阔的大西北相形之下，这是多么可怜的一个数字。”③所以，发展西北的交通十分重要。

首先，西北的公路。西北的近代交通始于 20 世纪 20 年代。西北的主要公路有以下几段。

(一)甘新公路

此路于 1937 年底开工，1939 年 11 月完工。起自兰州，经永登、武威、张掖、酒泉，西越甘肃省界，到甘新交界的星星峡，长 1171 公里。再向西行，经哈密、迪化、乌苏到中俄边界的霍尔果斯。这一段为新疆所辖地段，长 2660 公里。兰星路段，道路平坦，已有班车通行，“自兰来往旅客，颇为拥挤”。安息以西，风大，路多河流且多为浅滩，平时无水，但大雨之后，就变成一片汪洋。新疆境内自七角井至迪化一段，因气候关系，分吐鲁番与奇台南北两线。冬季走南线，夏季走北线。甘肃境内玉门关茹滩一带，长约 20 公里，春夏秋潮湿反弹，路呈弹性状态，有随车浮沉之势。兰州至嘉峪关，“已种植行道树。荒道平野，绿荫夹道，莫不称快”④。

①武　彝.建设西北的首要问题，西北研究，1941，4(6)：31

②③王劲草.建设西北与中国前途.西北研究，1943，6(9、10合)：11

④宋希尚.西北公路建设概说.新西北月刊，1941，4(4)：34

（二）西兰公路

1934年动工，1935年竣工。起于兰州，经定西、静宁、平凉、泾川，越甘肃界，到陕西。全长704公里。这段路在1934年以后，多次修整，道路大为改观，交通始为顺畅。“全路碎石路面，居其大半，沙土路面，不及全长十分之一。交通设备与养路组织，自二十四年通车以来，迭经改造。现在每日有客车行驶其间，行旅莫不称便。”这条路是当时最好的公路，不仅大大改善了西北的交通，加强了西北与关中的联系，而且“成为衔接中苏边境进入我国西北的一条重要的国际陆路运输线”①。

（三）甘青公路

1937年9月竣工，经享堂、乐都到西宁，全长232公里。这条公路多沿黄河与湟水而行，经过享堂峡、老鸦峡险要之地，成为连接兰州和西宁的便捷通道。这条路为旧时的驿路，经过多年多次整修而成。1938年正式通车。但此路“过去迄未经正式测修，路线桥涵，每与规定不合。且多土路通车，不能适应交通之要求，现隔日有客车往返，一天到达，尚称便利”②。

（四）华双公路

1935年建成华天段（华家岭至天水），1938年1月修成天双段（天水至双石铺）。1938年12月全线竣工。此路南下经通渭、秦安、徽县、两当等县，到陕西凤县的双石铺，全长409公里。此路的铺设均按标准推行，铺有路面。此路通车以后，国际运输较为顺畅，对于当时军事、政治、国防、经济“均有莫大之进展”③。

（五）凤汉宁路

这是西汉公路的一段。起自陕西凤翔，迄于接近四川的宁羌。中途经宝鸡、汉中、褒城、沔县等地，全长420多公里，是对接西南和西北的唯一交通

①赵祖康.旧中国公路建设片段回忆.见：文史资料选辑83辑. 北京：文史资料出版社，1982，201

②③宋希尚.西北公路建设概说.新西北月刊，1941，4(4)：35

要道，也是抗战期间重要的运输线。

(六)汉白公路

此路全长 529 公里，起于陕西汉中，向东到湖北白河。途经城固、西乡、汉阴到达安康为汉安段。1937 年修成，1938 年修整。从安康至白河为安白段。沿途越过汉水，设有 4 个渡河：城固渡，水面宽 116 公尺，并有宽 612 公尺的沙滩；石泉渡，水面宽 50 公尺，两岸的沙滩宽 400 公尺；安康渡，宽约 400 公尺；百河渡。共有桥 191 座，总长 2920 多公尺。这些桥有永久式石台钢筋洋灰面桥 3 座，长 70 公尺；砖石拱桥 40 座，长 590 多公尺；半永久式砖石台木面桥 121 座，长 1230 公尺；临时木架桥 27 座，长 1030 公尺。全路路基，宽度为 7 公尺半，在开山地宽只有 4 公尺。这条路与老白河衔接，可达汉口，“为贯通西北与华中的要道。目前负军事运输重任”①。

(七)平宁公路

起自甘肃平凉的清水沟，途经固原，越界至宁夏同心城。同心城达中宁，渡黄河经朔宁以达宁夏。此路全长 340 公里，原为大车道，经甘肃和宁夏多次修整，勉强可以通车。

(八)西荆公路

此路为京陕国道上的一段，计长 263 公里，起于西安，经蓝田等县，迄于陕豫省界荆紫关北的界牌。全路越秦岭，跨丹江，崇山峻岭，曲折崎岖，工程非常艰巨。

(九)咸榆公路

起自兰西路的咸阳，北行至陕北，全长 713 公里。由榆林向东走，越过黄河，可达包头。

(十)甘川公路

1935 年 7 月开工，1937 年一期工程完成兰会段（兰州至会川）；1939 年 1 月二期工程开工，1941 年 12 月完成会川至通北段。1945 年 3 月 ~ 1946 年

---

①宋希尚.西北公路建设概说.新西北月刊，1941，4(4)：36

1月建成通北口至武都段。由兰州南行，经洮河、临洮、岷县、武都、文县，越省界的南路岭进入四川，再经平武以达江曲。长约880公里，是由甘肃入四川的捷径之路。到解放前还没有修到四川。

（十一）平宝公路

以甘肃平凉的四十里铺为起点，到达陕西的宝鸡，全长约170公里。

（十二）徽白公路

起自徽县，迄于白水镇，全长仅36公里，是联络华双公路、接通嘉陵江水道的支线。

（十三）西汉公路

始自西安，迄于汉中，1936年2月通车，打通了关中与陕南的通道，也加强了西北与西南地区的联系。

这一时期修建的公路还有宁汉公路（宁夏至汉中）、兰宁公路（宁夏至兰州）、宁张公路（宁夏至张掖）、宁夏公路（西宁至宁夏）等。

同时，西北各省还修建了省际公路。陕西有西商公路（西安至西坪）、西朝公路（西安至朝邑）、西周公路（西安至周至）、西南公路（西安至南五台）、西午公路（西安至子午口）、原渭公路（三原至渭南）、渭蒲公路（渭南至蒲城）、渭大公路（渭南至大荔）、凤陇公路（凤翔至陇县）、绥宋公路（绥德至宋家川）、富宜公路（富县至宜川）等。甘肃有岷夏公路（岷县至临夏）。宁夏有银川至盐池、灵武、豫旺、定远营4条线路。青海有宁民公路（西宁至民和）、宁循公路（西宁至循化）、宁门公路（西宁至门源）、宁同公路（西宁至同仁）、宁都公路（西宁至都兰）、宁鲁公路（西宁至湟中鲁沙尔）、宁贵公路（西宁至贵德）、宁互公路（西宁至互助）、青藏公路玉树段（西宁至玉树）。新疆境内有额敏至塔城、迪化至焉耆、焉耆至阿克苏、阿克苏至喀什、喀什至和田的公路。

其次，铁路。西北的铁路修筑真正始于20世纪30年代，而且铁路的发展举步维艰。西北的铁路，仅有陇海一线。陇海线是从连云港直达西北，是我国唯一东西重要交通的干线，“遂与地方繁荣发生密切之关系，成为开发西北的枢纽”[1]。陇海铁路本来计划全线经甘肃、陕西、河南和江苏四省。陇海铁路东起江苏的海州，西迄兰州，全长1680多公里。向西修筑分为灵潼段（灵宝至潼关）、潼西段（潼关至西安）、西宝段（西安至宝鸡），后又增加宝天段（宝鸡至天水）。灵潼段，全长72公里，1929年修，因中原战争影响，1930年底才开始修建，1932年8月全线竣工，1932年12月开始通车。潼西段，全长132公里，由潼关起，经华阴县、华县、渭南、临潼达西安。1931年开修，1935年竣工。这对西北经济的发展起到了很大的作用。西宝段，全长173公里，经西安到咸阳、渭河北、兴平、眉县至宝鸡，1936年竣工。

陇海铁路通至宝鸡后，又设宝天段（宝鸡至天水）和天兰段（天水至兰州），但是由于抗日战争的爆发，西展的工程一度停顿。但是由于国际交通的紧要，决定由宝鸡西展至天水，再到兰州。由于多种原因，1939年开始修筑的宝天段，至1945年才修到天水。同时，在西宝铁路干线上修筑了咸同支线（咸阳至同官即今铜川），长约90公里，1941年11月完工通车，其“对于同官白水各地煤产的开发和运输，收效颇大”[2]。还有，宝鸡至双石铺、渭南至白水、虢镇（今宝鸡）至陇县3条军用路线，但是到1950年，这些军用铁路已全部被拆除。

铁路的修筑，不仅对西北经济发展和抗战的胜利起到了不可估量的作用，而且结束了西北没有铁路的历史，推动了西北社会的现代化。

西北铁路的重要性，还在于其是唯一连接国际的线路。抗战时期，中国与国际上的通道滇缅路被日军阻隔，“我处此局面中，应作最险恶之准备，积极建设西北铁路。在战时非但苏联之物质援助，可以利用此路来运来，即英美法物质上之接济，亦可运至苏联海港，由苏联转运我西北铁路，达于内地。”抗战胜利后，西北铁路，“以积极之作风，从事全国工商业之发展与各种新事业之发展”[3]。对于西北应建设的国际路线还有甘新路（甘肃至新疆）和

①秦孝仪.革命文献89辑.台北：中央文物供应社，1981，291

②武 彝.建设西北的首要问题，西北研究，1941，4(6)：31

③郭维民.如何要建设西北铁路.西北研究，1941，3(9)：13

新川支路(新疆至四川)两路。甘新路,延陇海路以兰州为起点,西展至肃州,出玉门、安西、星星峡、哈密、鄯善、吐鲁番,入迪化、绥来、乌苏、精河、伊犁或塔城,出国境沟通土西铁路(土耳其至西伯利亚)干线,全长1800多公里。甘新铁路为国际交通干线之一。新川路自吐鲁番西南行,经焉耆、库尔勒、尉犁,南沿孔雀河、太持马湖,入青海边境的格孜库勒湖,穿越柴达木盆地、而尚格、而巴戛戛亦湖,再至同德,达四川,经樟脑营、松潘、垒溪、茂县、汶川、崇宁再到成都,为西北西南的交通联络干线之一。赶筑这两路铁路,可以使国际支援物资运送到中国,支持抗战,可以促进西北的经济,沟通内地与边疆的联络,可以提升西北的社会和经济地位。但是,由于“战前既无力建设,战时材料缺乏,财政拮据,时间迫切,在在均有困难”①。

以上发展西北交通的思想和建议,是孙中山实业计划的一部分,在西北修筑铁路,将北方各大港口与西北各地连接起来,使欧亚“两大陆可以连成一气”。西北铁路“实居支配世界的重要地位”。

最后,西北的航空业。西北的航空事业开始于20世纪30年代。1930年2月成立的欧亚航空公司,于1932年开通了与西北有关的第一条航线:沪新线(后称沪兰线),由上海起飞,经南京、洛阳、西安、兰州、肃州、哈密、迪化至塔城。之后又开通了兰渝线、宝兰线、兰宁线等,并在西北设有西安、兰州、肃州、宁夏、安西等机场。

截至1941年,欧亚航空公司经营着以西安为中心至我国东南、西北、西南的各条航线,主要有西安至上海,西安至兰州、宁夏、包头,西安至成都、昆明,西安至郑州、北平等的航线。1941年,国民政府接管欧亚航空公司,先后开辟了重庆至迪化、哈密至兰州、重庆至哈密、北平至兰州、昆明至兰州等航线。但是,民国时期的西北航线是用于战争的需要,其对西北经济、社会的发展并没有产生大的影响。

---

①郭维民.如何要建设西北铁路.西北研究,1941,3(9):14

三、西北交通的特点

交通成为西北经济繁荣和进步的主要方面，也是西北开发的主要目标和任务之一。要发展西北的交通，应注意以下几点。

首先，西北的交通应以兰州为中心。兰州是西北的重心，西北的交通应以兰州为中心点向四方辐射。公路方面，有甘新公路，西通新疆；西兰公路，东通西安；西南则有华双路、凤汉宁路以及汉白路，贯通甘陕川。甘肃所修的公路多为干线，既可以连接西北各省，也可以连接西南和东南。以兰州交通为中心，"继续向它的周围发展交通，务使整个的西北，都随着它来成长"[①]。西北还应该修筑一条国际铁路，以连接苏联，虽然这条铁路所经过的新疆地区只有两三个大城市，人口稀少，土地也不肥沃，"然而在国防上的价值却大得不可思议，因为它将不仅是整个西北的一条大动脉，而且是中欧交通唯一的捷径"。陇海路从兰州出发，可以缩短兰州至成都的距离，由原来的"一千七百公里缩短到一千二百公里"，还可以防止原来的路线"一旦关中有事，陇川交通必致中断"[②]的危险。在抗战时期，西北是抗战的大后方，其地位十分重要，所以西北的交通应以兰州为中心，使其起到辐射的作用，既利于抗战又利于西北社会、经济、文化的繁荣和发展。

其次，战事推动了西北交通的发展。在西北开发时，人们指出修筑西北交通的重要性，但西北交通的真正修筑是在抗战时期。这时"西北的公路交通建设进入了黄金发展期"[③]，也是西北交通发展的重要机遇。一方面，在运输战略物资方面发挥积极的作用。西北交通的发展要以服务抗战为第一要旨。"抗日战争变成今日之局势"需要中国进行大反攻，而大反攻则需要有充分的准备和源源不断的接济，接济"又必须由西北开一端"。"故此时建设西北铁路，对于反攻大军之军需品之供给，特别需要"[④]。修筑公路"使它能发挥各省的物

①②莫 外.发展西北交通的重要性.西北论衡，1939，7(14)：10

③田 澍主编.西北开发史研究.北京：中国社会科学出版社，2007，379

④郭维民.如何要建设西北铁路.西北研究，1941，3(9)：12

力，以供抗战之用”。所以，抗战推动了西北交通的发展。

战时的急就章，也造成了交通建设的效果差强人意。由于经济、政治和自然条件的影响，或“凭工程师或工匠的胡乱设计”，西北的公路路况极差，路面标准低，质量差，仅能勉强通车。而“通车要看天公的晴意为转移”①。一遇到大雨则泥泞不堪，甚至无法通行。陇海铁路的宝天段不仅费时长，而且工程质量差，当时有“宝天段，瞎胡闹，不塌方，就掉道”的民谣。

最后，推动了西北近代交通事业的发展。西北近代交通事业的发展始于20世纪20年代初，是在以前的驿路和小道的基础上修筑而成。“以前的陆路则是一些或宽或窄的带状土地，缺乏碎石及其他坚固的材料，在晴天留着一条很深的车辙，在雨天便成了一块淤泥地，缺乏人工的修整和设备，在僻静稀少人烟的地方，根本没有桥梁和涵洞”②。陆路的运输工具则是骡马和驴，缓慢而负载少，“走一趟少则十天，多则半月，在崎岖不平的路面上震荡着”。近代西北的交通有以下特征：

一是西北的道路在开修之前须做认真详细的勘察，“尤须与政治计划与经济计划综合而成”。同时，还要“经过经济专家或国防专家的缜密考量，政治家的最后决定”③，才能对西北的交通实施铺设。西北交通的铺设要以便捷交通和节省费用为主，以科学方法对西北进行地质研究而减少工程的纰漏。

二是民国时期所修的西北交通，要有路基，路面的宽度要以通车为宜，有的铺有砂砾、碎石，并在有组织的行动下修筑而成。路遇有河水，则设渡桥，铺有桥梁和设有涵洞，以利于交通并固路面。

三是设立了维护和管理交通的机关。西北的公路设有西北公路局运营，管理着甘新公路、西兰公路、甘青公路、华双公路和平宁公路。其主要职责是管理、修筑公路，而且还“设段办理养路工作”④。铁路有陇海工程局，并分段设工

---

①③淦克超.建设西北的先决问题.新西北月刊创刊号，1939:36

②刘　晨.西北之陆路交通.西北论衡，1940，8(14、15合):3

④宋希尚.西北公路建设概说.新西北月刊，1941，4(4):34

程局，如潼西段工程局、陇海路宝天工程处。这些处局负责测量、施工等工作。

四是运输工具的变化。近代交通路线的设计和修筑是为了通行汽车。其运输力和效率是旧时骡马驴和牛无法比拟的。这种新式的交通工具的使用，使西北的交通“由古老落后的驿运时代开始向先进的汽车运输时代过渡，成为西北地区陆路交通发展史上的转折点”[①]。

“交通对于国家之重要，也和脉络对身体一样，是构成一个文化整体不可缺少的因子。一个国家的文化发展，可以从国内的交通上知其梗概”，“交通不仅能代表国家文化或动态，而且是立国的主要条件，凡属物产之运销，都市之沟通，国防之巩固，以及文化之推行，都需要以交通为先决条件”[②]。在开发和建设西北时，尤要发展交通。在抗战时期，发展西北交通具有诸多益处，而且西北的交通也是在这一时期发展起来的。其对抗战的胜利和西北的发展做出了重要贡献，促进了西北社会和文化的发展，为新西北的建设奠定了基础。

第二节　发展西北农业的思想

中国是一个农业国，“她的农业人口，据各专家精密估计，约占全国人口中百分之七十以上，而西北陕、甘、青、宁各省的农业人口竟占百分之八十以上”[③]。西北的发展乃至中国的发展全要依赖农业，即“农为邦本”。人为因素和自然环境的影响使西北“农村生产，现出萧条之象，而有破产之虞”[④]。所以，发展农业为西北当务之急，以恢复经济生产和秩序。要发展和改进西北的农业及现状，就必须对西北的气候、土壤、土壤的肥力以及影响

①魏永理主编. 西北近代开发史. 兰州：甘肃人民出版社，1993，353

②刘　晨. 西北之陆路交通. 西北论衡，1940，8(14、15合)：3

③南秉方. 西北农业金融之探讨. 新西北月刊创刊号，1939：25

④李丛泌. 西北农业概观. 新西北月刊，1941，4(5)：22

农产各个因素要有认识和研究，并且要用科学的方法加以改进。

一、西北农业的发展状况

影响西北农业发展的原因很多，必须从自然环境、农田、农产品以及农业人口等构成农业的主要成分逐一分析。首先，西北的自然环境。农业受自然环境的影响是最大的，如气候、土壤、雨量以及地形等都决定着农产品的种类以及歉收或丰收，“以故欲谋西北问题之解决，必须从客观的地理以求解决之途径，是以西北之开发，应该从经济地理上加以切实的研究和检讨。”①从地形上来说，西北的地形有帕米尔高原和中原地带相接而成的内陆高原、盆地、平原和沙漠。同时，西北地区有天山、昆仑山、巴颜喀拉山、祁连山、贺兰山、六盘山以及秦岭分布于青海、甘肃、宁夏、陕西等地，成为西北地形的天然分离带，使西北天然地形成了塔里木盆地、柴达木盆地、陕甘盆地及河套盆地，以利于农业的种植。所以，发展西北农业必须要考虑到自然环境。“我国西北诸省地理环境有许多独特之处，与经济建设关系较为密切的有两方面：地形和气候。西北在地形上以高原为主，平原较少。地面大多覆有较厚的黄土层，土质疏松，容易漏水。西北气候总体来说是干旱，降雨量少，且无灌溉之利。目前西北土地利用的情形是地形和气候环境综合作用的结果。在充分了解西北环境状况的基础上，规划将来经济建设的方向。”②从气候来说，西北多属于温带大陆性气候。其气候特点是干旱且温差大。根据温度和降雨量的多少，西北地区可分为六类：一是沙漠区域，该区域为绝对干燥区，年降雨量在50～100毫米，包括阿拉善沙漠、鄂尔多斯沙漠及塔克拉玛干沙漠，该区域不能种植农作物。二是沙漠草原气候，降雨量比沙漠多一点，多生长有荆棘等耐寒的植物，也不宜种植农作物。三是畜牧草原气候，该区每年平均雨量200

①黎小苏.西北经济地理环境之特殊性.西北研究，1941，4(6)：12

②卢温甫，任美锷，张其昀.西北问题.科学书店，1943.见：程 霖，王 昉，张 薇.中国近代开发西部的思想与政策研究(1840—1949).上海：上海人民出版社，2007，144

毫米，包括青海及柴达木盆地一带，是游牧民族生息之地，仍为“尚不宜种植农作物之地”。四是草原垦殖气候，本区年降雨量 250～350 毫米，“包括宁夏、青海东部谷地及准噶尔盆地之一部，其地足可生长茂盛之植物，且能种植耐寒性之杂物类，如高粱、秫米等，若能兼灌溉之利，则生产量当可倍增”。五是高山寒带气候，天山、阿尔泰山及昆仑山在“三百公尺以上之板地”，都属于该区，因青海寒冷，不宜种植农作物。六是青海高原气候，该区纬度高，易受寒流的侵袭，温度也很低，“又因太平洋之气候可从东北谷地吹入，故雨量较多。但柴达木属闭塞之盆地，多靠四山之积雪融化，至夏则良好之农田及牧场”①。从土壤来说，西北土壤多属黄土层，化学成分以碳酸钙为主，约占 40%，还包括碳酸铁、氧化铁、氧化钠、氧化钾、氧化铝、磷酸等。黄土层又可分为原生黄土和冲积黄土两种。原生黄土地带在陕北、陇东、陇南一带，冲积黄土在陕南、关中盆地、宁夏沿河一带。黄土土壤“富有毛细管的作用，如遇水多时，极易渗漏，水少时可使地下水上汲，具有自肥的作用，为农业适宜之土壤”②。西北土壤含有丰富的养分，适宜农作物生长，“除陕甘盆地外皆属内陆灌溉区域，其中以河套平原及塔里木盆地尤为天然富庶之耕种地带”③。

其次，西北的农业人口和农产品。西北的农业人口所占比例很大，但对西北农业人口的统计是不全面的。甘肃：农户有 793160 户，其中自耕农约占 53%，半自耕农占 19%，佃农占 28%，耕地 23794800 亩，人均 30 亩。陕西：农户有 1364579 户，其中自耕农约占 5.1%，半自耕农占 22%，佃农占 27%，耕地 32749890 亩，人均 24 亩。宁夏有农户 54159 户，每户平均耕地 37 亩。④青海土地，“政府尚未调查，耕地较少，荒地除同仁县外，有八·九六九·〇〇〇亩”⑤。西北的农业人口，在不同时期有不同的数字，而且也没有进行过详细

①李丛泌.西北农业概观.新西北月刊，1941，4(5)：23

②黎小苏.西北经济地理环境之特殊性.西北研究，1941，4(6)：14

③李丛泌.西北农业概观.新西北月刊，1941，4(5)：22

④李丛泌.西北农业概观.新西北月刊，1941，4(5)：27

⑤曾济宽.如何发展西北农业生产.新西北月刊，1941，4(1)：22

的统计，尤其青海和新疆都有大量的农业人口，因为没有统计，此处不再罗列。

西北的农作物，陕西、甘肃两省多产小麦、高粱、豆类、粟、芝麻等；青海以小麦、青稞、蚕豆、豌豆、油菜为大宗，燕麦、马铃薯、烟草、莜麦、黍、麻等次之，还产多种蔬菜和水果；宁夏产水稻、小麦、高粱、大豆、豌豆、玉蜀黍和胡麻等品，"年产达一千一百七十三万余石"①；新疆地域广阔，农产品丰富，种植面积广，"统计南西两路耕田，约达一百二十万顷有奇，其分配以小麦、玉蜀黍所占面积为最大，稻米、野菜、棉花次之，胡麻、高粱、大豆又次之"②。新疆天山以南，温度适宜，小麦是主要的农产品，稻米占第二位。以下是西北几种农作物的种植面积和产量。

表1　西北各省小麦种植情况

省　别	陕　西	甘　肃	新　疆	宁　夏	绥　远
面积(千亩)	14829	8659	4710	503	2679
产量(千斤)	1875447	1247562	762066	105267	230889

资料来源：李丛泌.西北农业概观.新西北月刊，1941,4(5):25

表2　西北各省高粱种植情况

省　别	陕　西	甘　肃	新　疆	宁　夏	绥　远
面积(千亩)	1576	1069	747	109	1997
产量(千担)	261	290	158	24	367

①②亦　人.概论西北农业.西北研究，1943,6(7、8合):23

表 3　西北各省粟种植情况

省　别	陕　西	甘　肃	新　疆	宁　夏	绥　远
面积(千亩)	5356	3785	334	236	4068
产量(万担)	670	517	45	58	824

表 2、表 3 资料来源:李丛泌.西北农业概观.新西北月刊,1941,4(5):26

黄豆也是西北主要的农作物,用于制作炒面,也有运往他处供榨油,总产量约 420286 千斤。

最后,西北农业破产的原因。西北农业的破产是在民国时期,而之前也有干旱,但不至于像民国时期的灾害之深之广。究其原因,有以下几点。一是自然原因。西北地处内陆,气候干旱,西北的旱灾频频发生。而农业受气候因素的影响是最大的,农村经济的破产就与旱灾频发有关。1928 年席卷西北的旱灾,使西北变成了死亡地带,儿童妇女被卖被遗弃的举不胜举,有些即便送人也是无人要。地上的草和树皮"都被剥得净光,早研成碎粉,和以面粉,以补食物的不足"。路上都是逃难的灾民,他们都形同行走着的骨架。在兰州城内,"每日平均的死人就有二百之多"①。与旱灾并行的是瘟疫的传染,使西北更添凄惨。二是西北的农业没有得到改进。西北地处偏僻,交通梗塞,外界的新技术不能传进来。西北各族人民仍固守着传统的耕作方法,他们对增加农作物的产量也无计可施,西北的贫穷一代代地继续着。尽管西北人民"鸡鸣而起,深夜方息。他们的一切用品,全靠以粟易之,不想别的出路"②。所以,灾难来临时,没有多余的粮食度过凶年,这也是造成西北农业破产的原因之一。三是西北社会的动荡以及军阀和地方官绅的残酷

①邹次硕.开发西北之重要与前提.新西北创刊号(河南),1933:2

②田炯锦.开发西北声中西北居民应有之努力.新西北创刊号(上海),1932:11

压迫，使西北人民“只好投身兵役，以徒糊口”[①]。大量农业人口的流失，再加上匪患和兵患，更加速了西北农业的破产。四是政府缺乏对农业的投入和帮助。西北的农业是脆弱的，需要政府大力的投入和建设，使农业基础设施建设起来，才可以增加农产。同时，在西北凶年时，政府要从资金、种子、农具和畜力方面给予帮助，以缓解当年之急，这样西北的农业才会有发展，因为西北的很多农田多在荒僻之地，农民无耕田的畜力只好以人代耕，如果政府不给予帮助，西北的人民生活如同乞讨，悲惨异常。但是在西北开发之前，西北的农业和农村经济处在自生自灭的状态，农民的负担最重，“受祸最深”[②]。五是西北的鸦片种植危害很大。西北大量肥沃的土地被迫种植鸦片，“盖十九之地为罂粟所占，田禾无地可种故也”。如果不种鸦片就无法缴清多如牛毛的捐税，“尤可异者，人民如不种烟，则每年亦应出赖捐以警不服命令”[③]。这样，西北的农田被大量用于种植鸦片，影响农产的增加和农业的发展。以上诸种原因，使西北的农业破产，农民的生活极为悲惨。“西北民众现在一方面处在天灾的流离，同时也感受着不少的封建势力之层层的压迫与剥削，而天灾之所以造成与不能救济至少有人祸之成分”[④]。

二、调整和发展西北的农业生产

为了恢复和发展西北的农业生产，挽救西北农村经济的颓势，也为了建设一个新西北，使西北在抗战以及战后重建中发挥积极作用，必须对西北原有的农业生产做出调整和改进，以期西北农业得到发展。西北农业的调整和改进有以下途径。

（一）提高土壤的肥力

西北的土壤除了应用其原有的肥力之外，还应该增加人工的肥料，以

①赵三纲.开发西北之重大性.新西北创刊号(河南)，1933:5

②康天国.中国之出路.新西北创刊号(上海)，1932:4

③康天国.中国之出路.新西北创刊号(上海)，1932:8

④康问之等九人.敬告全体会员书.新西北(上海)，1932，1(3、4合):2

增加农作物的产量。肥料分为动物肥料，包括人粪肥、厩肥与堆肥；植物肥，包括绿肥、油粕肥以及矿物质肥。还要施用化肥。人粪肥为西北农民主要所用之肥，富有矿质。厩肥与堆肥，多含养分，“乡村多用作基肥，因其多属迟效之肥每故也”。绿肥是利用生长较快的植物，在开花之前，用土覆盖使之腐熟可作为肥料使用。西北绿肥作为大豆、豌豆、红豆、绿豆、苜蓿、莜麦的肥料。油粕肥就是利用豆类、棉花籽以及其他作物种子榨油后所余的渣滓，“含氮素甚多，惟西北利用此肥料，为数甚少”。矿物质肥料是可溶性的，也是速效的肥料，但是其缺乏有机物，“对于土壤之物理状态不能改良，如甘肃、陕西等地连年施用，土质便有变劣之可能，矿物质肥料种类甚多”[①]。西北的土壤缺乏氮素，用化肥可以解决这一问题。除了增加肥料的种类之外，还要改进施肥的方法，当时人们通过测算指出，欲使西北土壤的肥力增加，“以车将厩肥用之田间，每车卸成 2 ~ 5 小堆，覆土打实。堆与堆相距 5 ~ 7 公尺，最多不超过 8 ~ 10 公尺，每堆厩肥 300 公斤，散布面积 49 ~ 50 公尺”。在施肥时，“以木铲将粪堆摊开，散布均匀。此种散布工作之实施，愈早愈妙”。这样可以避免肥料在雨水多时，养分渗入水中，上面只剩下枯秆，如果再散布开来，农作物成长就不一致。“若能将施肥方法如此改进，则增进土壤肥力所施厩肥之养分，至少亦有一部不至虚掷。设更欲于秋季或春季栽培应实行条播，施用补肥，宜择用完全腐熟厩肥。施用后，以锄松土，浅埋土中。能施行灌溉，当更佳矣”[②]。同时，还要根据土壤成分的情况，“测验土壤肥力，须作土壤化学分析，栽培试验，并须注意作物之特性及肥料之吸收情形，而施用各种作物之适宜肥料”[③]。当然，欲增加粮食的产量，还需改良种子，“应当以育种的办法，使种子求得改进。”[④]

---

①李丛泌.西北农业概观.新西北月刊，1941，4(5)：28

②③赵云梦.西北土壤肥力之初步研究.新西北月刊，1941，4(1)：35

④汪万春.西北农村经济的调整与建设新西北运动.西北论衡，1939，7(22)：4

（二）兴修水利

西北地处内陆，干旱少雨，所以，“自古即重水利”[①]。西北水利的建设有兴利和防害两种，如灌溉农田，以增加生产；发展航运，便利交通；开发水利，推进工程，均属于兴利者。如修筑堤防，以保障人民之生命财产，则属于防害者。同时，在垦殖林木和防止水土的冲积方面，是兴利者多防害的。所以，在西北，兴修水利与农业的关系极为重要。兴修水利也是西北开发的重点之一。一方面对西北原来的渠道进行整修和疏通，如宁夏引黄灌区，“截至1949年，宁夏共有渠道39道，其中34条是近代以前修的”，对原有旧渠的修整、扩建和疏浚“有18次在民国时期。经过维修整治，使古老的渠道能保持下来，并有所扩展，使宁夏的引黄灌渠得以长期延续，为现代的水利开发打下了基础”[②]。所以“宁夏较能振兴水利，宁夏在西北各省中较富足”[③]。西北其他各省对原有水利的修整，使灌溉的田地增多，为农业的发展做出了贡献。另一方面，提倡并着手修筑新的水利工程。抗战时期，西北的建设在各个方面都取得了一定的成绩。此时国民政府在资金上和政策上都给予了一定的支持和重视，同时一些爱国人士也积极倡导并从资金上给予支持，西北的水利建设也出现了高潮。如甘肃，1937～1939年建成了洮惠渠，全长28公里，灌溉农田35000亩；湟惠渠，引湟水灌溉永登、皋兰两县所属达家一带田地35万亩；薄济渠19.29公里，灌溉田地35000亩。1941～1946年，西北的水利建设取得的成绩更大，而且积极利用现代的科学技术修建，其对西北的农业发展贡献更大。如，甘肃政府聘请原金陵大学农经系的教授、著名的农业经济学家张心一出任甘肃省建设厅厅长。在张心一的努力下，组建了甘肃水利林牧股份公司，实施政企分开，使西北的水利在现代管理企业的建设下有了很大的进步。该组织机构比较健全，他们接办了湟惠渠、薄济渠两渠，并修建了

①亦　人.概论西北农业.西北研究，1943,6(7、8合):22

②魏永理主编.中国西北近代开发史.兰州:甘肃人民出版社,1993,58

③拓国柱.西北建设问题研究.西北研究,1943,6(1):9

永丰渠、永乐渠、靖丰渠和汭丰渠，共灌溉农田10.5万亩。陕西的水利建设也有了很大的发展，尤其在抗战时期，陕西修建了不少灌渠道。（见表4）

表4　抗战时期陕西所修建渠道情况

渠　道	修建时间	竣工时间	灌溉亩数(万亩)
黑惠渠	1938	1942	9.2
汉惠渠	1938	1942	6.3
褒惠渠	1939	1942	13.5
泔惠渠	1943	1944	0.23
济惠渠	1941	1948	6.8
沣惠渠	1941	1947	1.6
涝惠渠	1043	1947	1

资料来源：魏永理主编.中国西北近代开发史.兰州：甘肃人民出版社，1993，74

另外，陕北还修建了“云、榆、绥、定”等四惠渠道。这些水利工程的受益面积已达210多万亩，如果再加上抗战前完成的泾惠渠受益面积65万亩，洛惠渠受益面积50万亩，共计可达300多万亩。在西北开发之中，兴修水利“使陕甘无形中觉得在西北各省中进步最快……盖加以近代科学工具的利用，使水利工程普遍的来发展，则干燥的平原，将变为润沃的良田”①。

（三）完善和发展西北的金融业

在中国，农民“最受限制的就是‘土地’和‘资本’”②。对于西北农民来说，“土地”相对好点，“资本”成为西北农业发展最大的障碍，所以完善和发展金融业，对西北农业的发展具有很大的帮助。西北的农业是最为脆弱的，易受旱灾的影响，“作物歉收，灾害流行，以及胥吏敲诈”，使西北的农业更易于破

①拓国柱.西北建设问题研究.西北研究，1943，6(1)：9

②南秉方.西北农业金融之探讨.新西北月刊创刊号，1939：25

产。在西北开发和建设中，就要稳定农村生产和农民的基本生活，同时还要发展农村经济以及促进西北农业的发展。这样，建立一个有效的金融救助机构以帮助西北农业在困难时期渡过难关或恢复生产就显得尤为重要。西北“乡村的资本已经枯竭，农民时受高利贷的盘剥。近年以来国内有识之士，咸感调剂农村金融，为救济农村惟一的药石，所以各大银行与政府机关等，都在那儿争先恐后地为农民设法”[①]。在西北，农民的借贷主要是个人借贷，多为高利贷，“现在中国农村的高利贷不是农村破产的造因，乃是农村破产的结果”，所以“如果没有良好的农村金融制度，供给农民所需要的资金，恐怕农村的高利贷，没有减低的那一天”[②]。同时，西北的农业贷款还要考虑到贷款的时间长短和利息高低情况，使其利于西北农业的发展。由于农业的资本循回期比其他工商业相对迟缓，所以西北农业贷款时间要长一些。利息的高低，“是借贷的中心问题，亦即金融之整个联系关系，农村衰落，金融随之周转不灵，利息因之增高”[③]。在抗战之前，西北的银行贷款条件是十分苛刻的，如果农民贷款，“用之农业者甚少，率多还债，纳税，因因相循，更促成农村经济之崩溃”[④]。所以西北的“借贷利息、借贷数量、借贷期限、借贷用途等，不一而足，这些问题全应该加缜密的研究，方能减少错误”[⑤]。而政府要鉴于此积弊，实施以下措施，以促金融，发展农业：奖励贷款，用于增加生产；降低利息，使更多农民受惠；推广各地合作社，“这是农业生产资金之解决及贷款的合理化，是中国农产增加的先兆”[⑥]。同时，要充实西北各钱局的资金，扩大组织，以增加西北农民的“种子耕牛肥料等贷款”。设立农业仓库可以调节农民春耕秋收时农产品的差价，以“农产品可押储现金，以资周转，不必急于求售，则价格

①南秉方.西北农业金融之探讨.新西北月刊创刊号，1939:25

②南秉方.西北农业金融之探讨.新西北月刊创刊号，1939:27

③南秉方.西北农业金融之探讨.新西北月刊创刊号，1939:28

④⑥汪万春.西北农村经济的调整与建设新西北运动.西北论衡，1939，7(22):4

⑤南秉方.西北农业金融之探讨.新西北月刊创刊号，1939:31

惨落之损失，即可避免”[1]。总之，发展西北农村金融业，对农业的发展和改进以及对农村经济的恢复将发挥积极的作用。

（四）积极发展西北农业教育

我国以农立国，几千年来，中国农民重复着祖辈的生产方式，种植方式与技术未曾有过大的突破。为了增加农业产量，农业教育是不可缺少的一环。“西北农业教育之重要，以上所陈荦荦大者，实际解决农业问题以农业教育建设为首务，不特言也。一要治本，对于农村小学课程应注意实施训练和灌注生产知识，培养儿童生产兴趣和基本生产知识，以及培养爱好山川草木昆虫鸟兽之习性”，“俾儿童有从事农业劳动之指针”。其次要治标，要设立农人补习学校，编著农业浅说，并组织农业指导组巡回指导农民，以提高农业生产，改善生活。同时，还要培训农村妇女，教授专业知识技能，如“载桑养蚕制袋编物园艺培植小家畜饲养手工业等诸劳役，有劝勉之必要”[2]。当然，发展西北农业教育不止在农村培养农业人员的生产兴趣，还要培养高层次的农业专家，他们可以根据西北农业生产的特点进行农业的改良和农业生产的增加。

（五）西北政治的改良

西北社会的不振，除了自然环境的原因外，还有人为的原因。政治的不良也是一个主要的方面。“政治是保护人民的，然而因为人事不调整，反而易于祸民，农村经济以往的崩溃，可以说它总不能不负责的”[3]。在西北开发和建设中，国民政府和西北地方政府，必须改良政治，要从资金上、政策上对农业、农村经济的发展给予支持，同时也要打击贪污腐败以及污吏对农民的剥削。政府要从内部税收和财政方面进行改革，减少对农民“层层的榨取”，使官员不要有更多的贪图享受的想法。政府还要建立经济机构和农村组织，以

---

①南秉方.西北农业金融之探讨.新西北月刊创刊号，1939:24

②张馥萼.论西北农业教育建设之重要.新西北月刊，1944，7(7、8合):12

③汪万春.西北农村经济的调整与建设新西北运动.西北论衡，1939，7(22):5

期各种农民组织“要从速地举办起来，加强起来，和一切有关农业的机关，有机地取得联系”[①]。这样，西北政治的改良，将发挥很大的作用。就农业而言，土壤肥力的改善、水利的兴修、农业人员的培训等等都需要政府的支持和参与，这样西北的农业才有更大的发展。

通过以上几点可以看出，西北农业的发展受各方面因素的制约，只有协调好和发展好能促进农业发展的基础建设，西北的农业才会有很大的发展。这也是西北开发中必须要认识到并首先要建设的。尤其在抗战爆发后，时局迫切要求大后方的农业能够迅速发展起来，以解决吃饭、穿衣和工业原料的问题，国民政府根据《抗战建国纲领》“全力发展农村经济，奖励合作，调剂粮食，并开垦荒地，疏通水利”的指导方针，以及《非常时期经济方案》，制定了一些发展农业的政策：(1)农民生活应使安定，征税征兵时，严禁骚扰。(2)有用作物应使增加，劝导农民努力种植米麦杂粮，禁止种植鸦片等有害物。(3)大宗农产品，应设法积储调剂。(4)农村经济应活动在农村中心区域，多设合作金库，举办农业生产贷款。(5)土地分配应逐步改进，使耕者有其田，劳者得其食。同时，西北还建立了一些农业组织，如农林部等，根据发展农业的纲领积极地发展西北的农业。

三、发展西北农业的重要意义

农业是国家的根本，农业的开发和建设也是最根本的。在西北开发和建设中，农业发展被更多的人所认可，同时其还承担着时代所赋予的历史重任。

一是在抗战时期，东南地区沦陷，大量的难民涌入西北，西北人口大增，只有发展农业，增加农产才可以满足西北人民和其他难民的生活所需。

二是对抗战最有力的支持。东南富庶之地沦陷之后，西北就成为抗战物资生产和供给的主要地区，这是对抗战最有力的支持。“战争胜负决定经济力量之

①汪万春.西北农村经济的调整与建设新西北运动.西北论衡，1939，7(22)：5

持久供给”，作为抗战大后方的西北，成为抗战最有力的支持者，也是抗战胜利的决定者。所以西北农业的发展，不仅可以恢复西北的农业生产，改善西北民众的生活，促进西北社会的进步，还决定着抗战的最后胜利和中华民族的复兴。

三是对新西北开发和建设的推动。作为基础经济的农业，是西北开发中首先要建设的。这样西北开发中的其他建设才能开展起来。新西北的建设不仅仅是一方面的开发和建设，“而是整个广大农村的建设。它的两大目标就是乡村的工业化和农业的工业化”，所以西北的“农村经济在这样伟大的过程中，他的任务是非常重大的”①。西北的农业走上了现代化，新西北建设也就有了基础。

第三节　移民西北与垦殖

西北自古就是移民垦殖的地区，对西北的垦殖，分为军垦和农垦。到了民国时期，移民西北垦殖仍然是人们讨论的主要议题，并把其作为西北开发的主要内容，提出了各种建议并努力实施。

一、移民西北垦殖的原因

移民西北进行垦殖是开发西北经济思想中的一个主要方面。当时中国面临着严峻的国内和国际局势，为了挽救中华民族的危机，促进西北社会的发展，人们提出了移民西北垦殖。当时无论是国民政府的议案，还是专家学者借各种报刊提出移民西北的具体实施计划都是有现实意义的。

首先，通过移民西北垦殖以促进中国经济的均衡发展。中国的东南部人口众多，土地稀少，西北则荒地多，人口少。这样，中国的经济发展极为不平衡，阻碍了中国经济的发展和社会进步。所以，“我国本部如江浙各省方感人

①汪万春.西北农村经济的调整与建设新西北运动.西北论衡，1939，7(22)：5

口过密，每方里密度约五百人至七百人。而蒙绥宁青各省，每方里人口有少之二三人者。其土地之荒弃者，几不可以数量计，我国政府如妥定计划，大批移民，不但内地人口问题可以解决，西北荒地亦可借此开垦。”[①]西北五省的人口，陕西有11802000人，甘肃有5974000人，宁夏有429000人，青海有368000人，新疆有3500000人，总计22073000人。[②]“西北的面积占全国的三分之一，西北的人口占全国的百分之五弱，平均密度为十六人，最稀的省份，尚不及一人。”同时，西北还有大量的可资开垦的土地：“甘省共有荒地一八，三二一，九一八亩，青海共计荒地面积八，九六九，〇〇〇亩，宁夏共计荒地面积二，〇二一，六二四亩”，新疆有五万余亩。针对人口、土地分布不均的情况，就要移东南剩余的人口到西北去。这样，“我国现在一方面有人无地耕，一方面有地无人耕，故非移民殖民，无以调剂”[③]。把东南剩余人口移民到西北从事开垦，发展经济，充实边境，“能够尽量利用西北的土地，亦不失为西北经济建设的一个重要问题”[④]。作为国民政府，就要针对这种情况，组织并积极推行移民垦殖的政策和办法。

其次，大量灾民无处安置。一是安置裁兵。1928年，国民政府北伐成功，名义上完成了统一，训政开始。这时将全国军队整编为50～60个师，其余老弱病残和未经训练的军队一律遣散另行安置。这些被裁的士兵被安置于边疆垦殖。对于移殖边疆的军队“宜筹长久发展边地之法，不宜视为目前消纳士卒之策”；对他们“一面灌以军事教育，一面输以农事知识，给以土地，使之起殖业观念，授以家室，使之增爱家之心”。他们到了西北地区后进行农业生产，应根据西北“偏处高原，雨水稀少，地力硗瘠，种植困难”的情况，教会并训练移垦的士兵“或采旱地水井法，或让土地蓄水法，或用休间法以蓄雨雪，或用深耕秋耕各法以蓄水，或用限制植物蒸发之法，或限制太阳之蒸化，或研究旱

①邹次硕.开发西北之重要与前提.新西北创刊号(河南)，1933:1

②毅 人.西北的范畴与亟应纠正对西北的几个观念. 西北论衡，1939，7(21):4

③④姚福泽.西北垦殖问题商榷.西北论衡，1939，8(2):10

地所宜之作物，务使地无弃地，兵无游勇"[①]。把这些士兵安置西北进行垦殖，是对西北荒地的开发和经济发展的最好途径。二是安置灾民。"窃我国去岁(1931年)水灾以后，民多失业无生，加以国难，百业萧条，而政府因应付国难不能充分救济，益使人民陷于绝境。同人等每观人民之惨状，虽施以赈济，然以灾情重大，徒使以治标办法众属无益，乃思移民西北垦殖以补救……移民垦殖可以裕国裕民，增加生产。"[②]尤其在战乱时期，东北、东南的灾民也可以安置在西北进行垦殖，以发展西北的经济。三是当时移民海外的中国人或华侨多受外国人的歧视和排斥，"故今后向外移民，确为事实所不许"[③]。而有的人则认为大家移民到西北去，是解决他们生计的最好去处。

最后，巩固边防的作用。"九一八"以后，西北地位之重要被人们逐渐认知："西北边境既是欧亚交通的将来通道，苏联更完全与之接壤，民族主义存在一日，此地对中国国防上之地位，亦不须臾减低其重要性。"[④]但是西北"一片荒凉，交通不便，经济枯窘，文化不昌"[⑤]，这对于西北的国防来说，是很难做到建设和巩固的，西北边疆的危机仍然存在。安汉认为必须实行移民西北政策，"惟以民实之，则边防无空虚之地，而强敌潜进之念渐消，有事则无征调之繁，无事且收屯垦之利"[⑥]。同时，在西北移民垦殖，所需资金和代价都很小，也属于轻而易举的事情。政府在移民垦殖初可以给予帮助，在"耕作三年之后即可全数收回"。这样，边防之地的经济发展了起来，国防建设也就跟了

①龙骧呈报《中国裁兵就垦殖边疆有必要注意三点建议书》.见：马振犊主编.抗战时期西北开发档案史料选编.北京：中国社会科学出版社，2009，142～143

②龙骧呈报《中国裁兵就垦殖边疆有必要注意三点建议书》.见：马振犊主编.抗战时期西北开发档案史料选编.北京：中国社会科学出版社，2009，144

③董汝舟.发展西北农业的几个重要问题. 建国月刊，1936，14(2)：1～2

④张云伏.西北人对于西北的责任.新西北创刊号(上海)，1932：2

⑤张云伏.西北人对于西北的责任.新西北创刊号(上海)，1932：2～3

⑥安 汉.西北垦殖论，国华印书馆，1932，16～17.见：谭 刚.论抗战前的"移民开发西北"思潮.青海社会科学，2004(1)：103

上去,“文明的社会,繁荣的经济,是巩固西北国防的连锁条件”[①]。所以,移民西北垦殖具有巩固国防、挽救民族危机的作用。

二、移民西北与垦殖

关于移民垦殖,人们认为西北荒区是最理想的选择,一是便于经营,以节省劳力与资金;二是具有天然优良的经济条件,以减少垦殖费用,增加经济收入;三是可耕垦殖的面积必须扩大,能容纳大量的人口,前途有发展的希望。从以上三点观之,西北均具备,所以在西北发展垦务,前途上是有很大希望的。为了移民西北垦殖,国民政府的议案以及民间团体均从各个方面指出移民西北的重要意义和实施办法。

首先,移民团体和国民政府的移民计划。移民西北垦殖是西北开发中最易行的办法,于是各种移民团体和移民计划纷纷出现。1933 年 2 月 14 日在上海成立了中国殖边社,选举马相伯为社长,周念先、聂兴坡、丁庭为监事,以“研究及开发边疆为宗旨”[②]。1934 年 3 月,在国民党中央执行委员朱霁青等推动下,在北平成立了西北移垦委员会,其在《西北移垦委员会组织大纲》中规定:“本会以移送东北阵亡将士遗族及流落人员于西北从事垦殖为宗旨”[③]。1937 年 4 月 25 日,河北移民协会干事长殷承泽和北平研究院史学会历史组主任顾颉刚在北平成立了西北移垦促进会,顾颉刚为主席,殷承泽为总干事。该会“以促进西北移垦,设立西北移垦实验区,根据实际经验,指导辅助移垦团体和个人,以及联合其他团体,研究移垦之实验与效果,并促起国人之注意为宗旨”[④]。

---

①张云伏.西北人对于西北的责任.新西北创刊号(上海),1932:3

②殖边月刊,1933,1(9):150.见:谭　刚.论抗战前的“移民开发西北”思潮.青海社会科学,2004(1):103

③中委朱霁青筹移抗日志士垦殖西北.西北开发,1934,1(4):97.见:谭　刚.论抗战前的“移民开发西北”思潮.青海社会科学,2004(1):103

④西北移垦促进会成立大会纪要.大公报,1937,4,26(3).见:谭　刚.论抗战前的“移民开发西北”思潮.青海社会科学,2004(1):103

同时,国民政府也制订了一系列关于移民西北垦殖的议案和计划。议案中有关于裁兵、裁员和灾民安置于西北的计划经费、组织以及促进移民在西北安置和生产、发展等各方面的规定。1928 年国民政府的《移民垦殖计划书》,"将西北的热察绥三省所属的内蒙旗地、宁夏及阿拉善盟旗地划为垦殖区,甘肃西北部的荒地,新疆鲁克沁低地、塔里木盆地,青海草地划为实验垦殖区,鼓励安排内地农民 / 退伍军人垦殖。"[①]1933 年 9 月 27 日,《东北难民移垦西北计划书》,"据陶圣希函呈柳国民博士所拟东北移垦西北计划,并主张由农村复兴委员会指派东北有志于斯者为调查团, 一面提拨救济东北难民之捐款,作一部分之移殖"[②]。对于移民垦殖,时人有以下认识:

(一)设立专门的移民机关管理移民垦殖事宜

1928 年 2 月,国民政府制定的《移民垦殖计划书》中就规定,设立国民政府移民局,"直辖国民政府,专管移民行政事宜"。在地方也要设立某某移民开垦局,"是以移垦机关之组织,专司其事"[③]。对于移民机关的人员要进行培训,因为"移民殖边为国家百年大计,如无相当之训练,即无完善之组织,组织差则靡费多。拟先挑行政人员若干予以短期训练,使其娴知管理,记账,并照料途间及到达后之一切手续"。如《移民河西案》中,垦殖机构拟定名为西北垦务××处公署,其下设总务处、垦务处、经费处。另附设计划委员会、秘书室直隶主管,分掌设计、机要事项。同时在河南、陕西、河西三地设立办事处。河南的办事处在河南省政府的协助下,专门管调查、登记、移送等事项;陕西的办事处在移民到达陕西后,分布抽调集训,使其明白西移计划,然

①内政部编.移民垦殖计划书,内部资料,1929,2(4).见:谭 刚.论抗战前的"移民开发西北"思潮.青海社会科学,2004(1):103

②农村复兴委员会关于由东北难民救济委员会核议柳国民《东北难民移垦西北计划书》致行政院呈文.见:马振犊主编.抗战时期西北开发档案史料选编.北京:中国社会科学出版社,2009,154

③内政部编.移民垦殖计划书,内部资料,1929,,2(5).见:谭 刚.论抗战前的"移民开发西北"思潮.青海社会科学,2004(1):103

后分批转送，这样移民西北就容易推行。“移民初到河西，地方情形暌隔，须由办事处妥为安置，以维人心，俟就绪后，再交由地方政府接管或另为安置”[①]。无论是国民政府的移民机关还是地方移民组织，他们的工作就是“奖励移民，强迫移民，移民屯垦，消费合作，信用合作”[②]，以及移民的工作、生活和服务移民的方方面面，以做统筹安排。

（二）移民垦殖经费的筹集

移民西北的多系灾民、老弱病残的士兵，而且又到西北荒漠、贫瘠之地，这就需要一定的费用来安置移民。刘振华等人估计中假定第一批移民数量为两千万，每人以一百元计算，合计全部经费就需两亿元。[③]如移民“五万于河西事应需款项，照移民往例，路费、住居、农具、籽种、冬衣及养赡各费，每口平均约需五百元，五万人共需二千五百万元，沿途设备及各项开支，约需五百万元，总计三千万元”[④]。中央党政各机关裁员三分之一移居西北，“中央每年可拨经费三千万元，专作此项移民之用，并介绍四行放款，作有计划持久之事业”[⑤]。所以，移民西北垦殖的费用，一方面有政府拨给，并由中央各银行放款。中央应每年指定一项经费，专供移民之用。同时还要官方和民间双方联合组织林牧垦殖公司，由四行放款，以支持有志于此的人从事西北开发的工作。另一方面，发行垦殖证券。以西北荒地做担保，发行垦殖证券若干，

①张　钫.为移殖豫省灾民五万人，共需三千万元，祈迅予拟发并条陈七事由.见：马振犊主编.抗战时期西北开发档案史料选编.北京：中国社会科学出版社，2009，168，170

②内政部编.移民垦殖计划书，内部资料，1929，2(3).见：谭　刚.论抗战前的“移民开发西北”思潮.青海社会科学，2004(1)：103

③刘振华等.请拟奖励西北垦殖以实边而裕民生案.见：革命文献89辑.台北：中央文物供应社，1981，66.见：谭　刚.论抗战前的“移民开发西北”思潮.青海社会科学，2004(1)：103

④张　钫.为移殖豫省灾民五万人，共需三千万元，祈迅予拟发并条陈七事由.见：马振犊主编.抗战时期西北开发档案史料选编.北京：中国社会科学出版社，2009，167

⑤蒋介石关于中央党军政各机关裁员三分之一移居西北事致孔祥熙、何应钦令.见：马振犊主编.抗战时期西北开发档案史料选编.北京：中国社会科学出版社，2009，166

并向银行抵借现款，作为开发西北荒地的本金。垦殖证券最初三年由政府付最低的利息，第四年起付较高的利息，第六年开始还本。等到本息还清后，政府即再估定地价，发行新垦殖券，以其一半作为扩充教育的经费，以其他一半作为开发其他地域的本金。移民西北所需的经费"可向金融界作有担保的借贷，或者利用外资，或者发行西北建设公债，而所有的担保或抵押品，以已垦地升科的实额作保证，将来还本采用抽还或摊还法"[①]。有了经费来源，移民西北垦殖的措施才能实施开来。

（三）移民垦殖的计划

移民垦殖是国家的百年大计，也是西北开发的主要内容，为了确保移民垦殖的顺利进行，以推动西北的开发，必须制订具体的计划，"并将各个计划所需之人才略为估计，然后可按其性能配置人员，仍于安顿冗员之中寓为事择人之意，方能使移动之人民对预定目标有所认识，感觉兴趣，乐于从事，则事业可望观成，移民不致徒劳。"[②]如朱家骅、宋子文等拟具的关于移民西北的《河套宁夏垦殖调查团组织章程》中指出：(1)西北幅员辽阔，非先指定地点，无从着手开发，故拟中央划定河套、宁夏为尽先垦殖之区；(2)殖边应根据当地实况制订计划方能进行，故拟由内、教、实三部联合银行、华侨及学术界知名之士组织调查团，限一月成立，出发前往河套、宁夏切实考察负责起草具体方案；(3)俟调查团计划提出后，再行筹商发行公债办法。[③]同时，该章程中还对人员费用、目标和任务都做了详细的规定，以使向河套、宁夏移民垦殖得以有效的实施。该调查团的任务有：(1)实地考察河套、宁夏荒地及垦

①傅明臣等.拟将鲁省贫民移垦陕北及渭河流域荒地请公决建议政府实施案.开发西北协会第三届年会会议录，内部资料，1936，16～17.见：谭 刚.论抗战前的"移民开发西北"思潮.青海社会科学，2004(1)：104

②徐堪关于移屯西北问题呈蒋介石意见书.见：马振犊主编.抗战时期西北开发档案史料选编.北京：中国社会科学出版社，2009，185

③朱家骅、宋子文等拟具《河套宁夏垦殖调查团组织章程》致行政院呈文.见：马振犊主编.抗战时期西北开发档案史料选编.北京：中国社会科学出版社，2009，149

殖情况,(2)选定垦殖区域,(3)拟订垦殖计划,(4)编制调查报告。这一移殖计划一方面要有中央指派人员、设立组织、拨款和划定区域有计划地推行,另一方面在具体实施过程中,各个移民团体及组织也要有详细的计划,以推进移民垦殖有序的进行,并使移民垦殖取得与期望一致的结果。在西北移民垦殖时制订计划可以减少费用,使移垦顺利地进行。

对移民提供各种优惠条件,提供配套设施和建设也是十分重要的。卢振镛认为,对于外来移民,应"勿纳田赋,勿征税课,则人民有力应付,自能安居乐业,不思返蜀也"①。对移民所需的"农具、车辆、灶具、衣物等项,由移垦机关查核给资,助其携带运输,于到达目的地时,分别交付之"②。除了优惠政策和资金之外,建设相应的配套设施,以使移民人员安心于西北,发展于西北,所以"欲求垦民乐于就道,不复思返,必须补助地方设立学校、医院、戏院之类,并鼓励教员、医师、歌伶、百工等前往"③。

其次,移民垦殖应注意的问题。移垦工作是一项复杂而又困难的事业,其成效并非短时间内所能见,"并且垦殖的目的,不是单纯的只在求土地面积之增加与农产物的产量增高为限,是在除利用荒原外,对于农村组织、农村建设、农民生活的改善、农民文化的提高、农产物运输贩卖等问题都要顾到。"④移民西北垦殖要注意以下几个问题:

(一)西北垦民的选择问题

一般人对西北的印象是地处偏僻,生活困苦。如果对垦民不加选择,中途退垦者亦将不少,这对移垦的顺利进行会产生很大影响。在抗战时期,有

---

①卢振镛.开发西北之我见.开发西北,1934,2(4):2.见:谭 刚.论抗战前的"移民开发西北"思潮.青海社会科学,2004(1):104

②张 钫.为移殖豫省灾民五万人,共需三千万元,祈迅予拟发并条陈七事由.见:马振犊主编.抗战时期西北开发档案史料选编. 北京:中国社会科学出版社,2009,171

③董时进.论移民垦殖.新中华,1933,1(9):16. 见:谭 刚.论抗战前的"移民开发西北"思潮.青海社会科学,2004(1):104

④姚福泽.西北垦殖问题商榷.西北论衡,1939,8(2):11

大量的难民流入西北，安置他们垦殖是比较妥帖的。但这些人中，有士农工商各阶级，“所以，所招的垦民，最好是农人，其他种人数应占极少比例，用来作副业的活动更好”①。同时对初来的垦民，应加以训练，并且给予精神上的安慰，以减少垦民对家乡的思念，使他们认为西北就是他们的故乡，防止垦民中途放弃的事情发生。

(二)西北垦区地势的选择

西北地势十分复杂，雨水稀少，在西北移垦应注意这一情况。在西北种植农作物应注意“普通农作物生长以一千七百五十公尺为最高限度；地势倾斜在四十度以上者不宜农作，因遇雨表土易受冲洗，农作地以十五度以上者为最佳。故在高山险峻的岩石坡上，宜择其较平处，开辟为林地，山中极小面积的斜地，较小的地方，开辟为牧地。近山的脚地、斜地甚少或灌溉便利处，开为农地，如此，对土地之利用，才能最有效最经济”②。

(三)西北垦区的气候问题

西北雨量稀少，且多在5～9月降雨，夏天温度高且旱，冬天寒冷。应根据西北气候特征，有选择性地种植农作物，积极发展水利事业，以弥补干旱所带来的不足，这样西北的农作物产量才能提高。

(四)西北垦区的土壤问题

西北的土壤大部分为黄土，不易渗漏，颇肥沃，但是盐碱较大，有机养分少，尤其是未开垦的土地，盐碱更多。所以要对西北垦区的土壤进行改良，而改良之法有覆土法、深耕法、客土法、洗土蓄淡和施肥等，根据情况因地制宜，以发挥西北土壤的优点，促进农产量增加。

(五)西北垦区的水利问题

西北虽有大量的可资开垦的荒地，但是雨水的稀少阻碍了农业的发展。所以，西北要积极发展水利，以补不足。尤其在垦区，要大力发展水利事业，使农垦区得到发展。同时，还要注意灌溉的水源问题，应以淡水为宜，减少盐

①②姚福泽.西北垦殖问题商榷.西北论衡，1939，8(2)：11

碱的成分。当然西北的水利工程耗资巨大，政府应给予大力的支持并经营，以促进西北移垦的顺利发展。

（六）西北垦区土地所有权的问题

西北的荒地之中，有一部分是官荒，而在官荒之中又夹杂着几块私荒。其中间又有几块熟地，“这种土地所有权的犬牙交错”是“基于封建时代遗留下公有地与土地可以自由分割的习惯”所造成的。这对于需要大片耕种的垦区来说，必然对土地所有权划分清楚，否则将会产生很大的困难。同时，西北地区民族复杂，“甚或有民族间土地所有权交错的问题，更不容易解决”。针对这一问题，提出“对于私荒或大块荒地中夹杂极小面积的熟地，政府可以付价征收，其地价偿还的办法，可由政府作担保，待垦民得到利益后，分期偿还，当然被征去土地的人民，也得要求为垦民，并且政府要保证垦民有永久垦作权”①。

（七）西北垦区的设备问题

初到垦区的人民，其所需的生产工具和生活用品，政府应该通过贷借和补助的方式给予支持。所买的东西要坚固耐用，并且在购买之前，要有详细的计划以防过多或不足的现象。

（八）西北垦区的交通问题

西北交通不便，运输十分困难。在西北开发中，交通建设是首要考虑的，所以交通自不必顾虑。但是，西北垦区应选择距离交通线如铁路、公路及其他路线接近的地方先行开垦。以后交通发达了，西北的垦区可以逐渐扩大，使西北垦区发挥出最大的作用。

（九）西北垦区的治安问题

西北社会治安最大的问题是土匪横行，抢劫屠杀，民不安业，致使大批土地被遗弃。再加上垦区多在偏僻荒芜之地，也是土匪藏匿的地方，还有对农作物和人有害的野兽也很多，这对西北垦区的安全是最大的威胁。基于以

①姚福泽.西北垦殖问题商榷.西北论衡，1939，8(2)：12

上两点，政府要保障垦区的安全以及垦民生命的安全，直到西北垦区发展成熟并有足够的能力保卫自己。

（十）西北垦区的民族问题和宗教问题

西北边疆民族众多，宗教复杂，语言、文字和风俗习惯各异，而且彼此间时有冲突。“强有力的种族往往霸占着大面积的土地，但又无力利用，任其荒废，然而又不让别人使用。所以选择垦区时必须对于民族问题加以调整。最初可以施以怀柔政策，使垦地的利益得以均占；再加以特殊教育以促进各族间融洽。”[①]同时，办理垦务的人要对西北地区各少数民族的宗教有所了解，还要与当地的人民多联络，以减少宗教问题对垦殖事业的影响。

移民西北垦殖，必须对以上几个问题要有清楚的认识，并根据当地的具体情况做出具体的决定和采取具体的办法。只有这样，西北的移民和垦殖才能顺利地进行，为西北的开发和建设做出贡献。

最后，西北垦殖的类型和时机。地理环境的特点使西北经济分为农业经济和畜牧业经济。对于农垦区而言，宁夏省的宁夏、宁朔、平罗三县就有 6530 顷的荒地，总垦地为 21733 顷。[②]这仅仅是统计过的数字，西北可资开垦的土地远不止这些。新疆、青海和甘肃均有大量的荒地。到西北垦殖的有东北的难民、皖北和河南的灾民以及抗战时期沦陷区大量的难民。对于安置处，有宁夏的河套、甘肃的河西以及新疆等地可以垦殖。同时，西北还有许多的地区适宜发展畜牧业，“新疆的天山北路、宁夏的西北部（贺兰山以北）、青海大部、甘肃西北部都是最适宜于畜牧的地方”。所以，移垦西北要“适应自然环境，以农垦为主，畜牧为附，建设今日之新西北”[③]。针对西北地区的特点，在垦区积极发展农业和畜牧业这两种经济类型。

移民西北垦殖在 1928 年就开始着手进行了。当时国民政府和一些民间

①姚福泽.西北垦殖问题商榷.西北论衡，1939，8(2)：13

②周介康.西北的垦牧问题.西北论衡，1941，9(11)：41

③周介康.西北的垦牧问题.西北论衡，1941，9(11)：43

团体都提出移民西北垦殖以推动西北开发和建设。其中一些关于移民西北垦殖的议案和计划纷纷出台,并对西北适宜垦殖的地区进行了考察,这些措施推动了“移垦”思潮的出现。到了抗战时期,这既是西北开发和建设的良机,也是移民西北垦殖的机遇。因为,一是抗战时期,西北是抗战建国的根据地,国民政府无论从资金上还是从政策上都倾向于西北,这对于缺乏资金的西北垦殖工作来说,是最佳良机。而且,西北开发促进了西北的其他建设,配套设施也在积极的建设之中,如西北的交通、工业、农业以及其他方面都有了很大的发展,这有利于西北移垦的顺利进行。二是在抗战时期有大量的各种职业的人员进入西北,为西北的垦殖业发展创造了条件。中国人安土重迁,对移迁民不乐从,为人之常情。再加上西北为荒凉之地,文化落后,生活困苦,人所共知。所以一般人多不愿来到西北,更不用说是移民西北进行垦殖。但在此时大量的难民从沦陷区来到了西北,把他们安置到西北垦殖就不用费多大的力气。到西北的难民有很多的人才,“专门人才来西北者甚多,借此人才集中,服务精神提高的时候,指导垦务,可以收事半功倍的效力。凡在战时倘能借政府救济灾难的专款,利用之以作垦殖费用,较战后筹款,方便多多。”[①]从以上观之,抗战时期是移民西北垦殖最佳时期,不仅有了绝大多数利于垦殖的条件,而且也推动了西北垦殖业的发展。

三、对西北移民的思考

移垦是西北开发中经济思想的主要组成部分之一。人们基于对西北重要性的认识,提出移民西北垦殖意义所在。“所以如何能够尽量利用西北的土地,亦不失为西北经济建设中的一个重要问题。如何能够达到地尽其利的目的,只有从事垦殖与改良农业耕作技术。所以说垦殖问题是西北经济建设中重要问题之一。若就巩固国防,人口问题的调查,退伍兵员的善后,战后损失的补充及

①姚福泽.西北垦殖问题商榷.西北论衡,1939,8(2):11

建国问题上讲,意义尤为重大”[1]。但是,移民西北垦殖怎样才能取得成功呢,一则是应该有具体的垦殖政策与健全的、系统的垦殖机关。二是要有详细的计划,并聘请专门人才指导垦殖的经营和组织工作。三是必须把垦殖事业发展成现代化的事业。四是要训练垦民,使他们成为发展和建设新西北的主力军。以上四点如果合理配套使用,西北的移垦事业将会有很大的前景。

西北的移垦与西北开发是同时并进的,在抗战时期有关移垦的思潮,唤起了国人对西北的重视,并对西北社会有了一个全新的认识。移民西北垦殖的工作得到了国人的响应和支持,并取得了一定的成果,其中一些有关移垦的思想不仅细致而且可行,这起到了宣传西北和推动西北移垦工作的作用。这也得到了一些人的认可。这一时期有关移垦的议案,移垦的计划、组织以及移垦所需要的一系列的东西,都有了详细的准备和设计。如《陈立夫关于移屯西北问题十项意见致孔祥熙函》中对移民甘肃河西地区的农田耕种情况、当地的人口及需要移殖的人口、适应河西现状及移民计划的教育方案、对当地的治安等十项移民计划及其配套建设都有详细的陈述,也具有可操作性。而“实行本计划,应需农垦交通、水利、土地、教育、民政、军事各项人才,即就现有公务员中选调,第一年二千人(连眷属则为二千户),第二年起每年一千人(连眷属则为一千户)”[2],这样移垦西北的人在专业人才的指导下就会取得发展。同时,对于移垦西北所存在的问题,人民也有清楚的认识,并针对可能出现的问题也提出了解决的办法。

当然,从当时中国的国情和西北的现实来看,如果实现大规模的移民和到西北进行垦殖是不可能的。由于国民政府的军费开支大,对西北的建设资金还是投入不够,用到移民垦殖上的资金更是有限。再加上国人对西北的认识不足,对西北的环境和气候有畏难的情绪,如果考虑不全,到西北移垦有可

①姚福泽.西北垦殖问题商榷.西北论衡,1939,8(2):10

②陈立夫关于移屯西北问题十项意见致孔祥熙函.见:马振犊主编.抗战时期西北开发档案史料选编.北京:中国社会科学出版社,2009,186

能会半路放弃，这是必须要考虑清楚的。当时针对这一情况，也有人提出了善意的忠告，要求移民采取谨慎的态度对待移民西北，“一时受宣传之鼓动，前往买地及开垦者，络绎不绝。其中成功者固有人在，然扫兴而归或流落异乡者，亦比比皆是。”①

移民西北垦殖作为西北开发中的一项经济建设，在民国时期尽管有清楚的认识，有详细的实施计划，也有很成熟的意见和可借鉴的建议，但是由于资金少和在战时或其他的原因，仍然停留在宣传和口头上，并没有取得多大的成果。

第四节 西北畜牧业的前途

在西北除了有适合农业发展的地区外，还有大量的地区适合畜牧业的发展。同时畜牧业经济在西北地区占有很大的比例，所以在西北开发和建设中必须对西北的畜牧业的现状、需要改进的方面以及发展前景有所认识，以期改变西北畜牧业落后的面貌，并使其达到现代化的程度。

一、天然的牧业区

西北的地形复杂，种类多，气候寒冷且易变化。在这广袤的地区，除了农业区、沙漠区和不易生长植物的高寒地域外，还有辽阔的草原地带。草原之地海拔在“一千公尺，雨量既少，气候干燥，寒暑时有剧变”的地区“畜牧业占重要地位”②。新疆和青海是我国最大的畜牧业场所，宁夏、甘肃次之，陕西所占的比例最少。在西北地区从事畜牧业的人群最多，有许多少数民族为纯游牧民族，如新疆天山以北的蒙古族、哈萨克族，南疆的“布鲁特族”。还有一些民

①董时进.论移民垦殖.新中华，1933，1(9)：15. 见：谭刚.论抗战前的“移民开发西北”思潮.青海社会科学，2004(1)：104

②黎小苏.西北经济地理环境之特殊性.西北研究，1941，4(6)：13

族半耕半牧。青海除了西宁附近之外,“大部是高山草原的自然环境,因此也就成了蒙、藏两种游牧民族的分布地”①。

西北的畜种以马、牛、羊和骆驼为主,而且数量也为最多。“西北的畜牧业素称发达,尤以青海绥远为最著,如青海马善走,黄牛能耕田,亦可产乳,毛羊之乳、肉、毛皮均能使用,山羊乳肉兼用”,“甘肃以洮河、岷河、永登一带为发达,马牛羊甚多,凉州产驴著名,善于山路运搬,宁夏产羊牛马骆驼等,尤以羊皮闻名,销路甚广”②。新疆所产的马牛羊和骆驼等畜,尤其马更为有名。

畜牧业是西北游牧民族主要的生活来源,而且,也是他们财富的象征,他们生活的全部都依赖畜产品。所以,西北的畜种数量很大,畜产品也很丰富。新疆的马、牛、羊、骆驼“约二千万头,毛约十万担,皮约一百五十万张”③;牧业区约占青海省土地的四分之一,据 1934 年青海建设厅的统计,马有 34160 匹,黄牛 151279 头,毛羊 12619 头,羊 2100470 头,骆驼 8330 头。④抗战爆发后,西北的畜产品由政府当局统制运销,据贸易委员会于 1938 年调查和统计的甘肃、青海和宁夏的数字如下(系调查估计)。

种类 省别	羊毛 (担)	驼毛 (担)	羔皮 (张)	老羊皮 (张)	哈儿皮 (张)	狐皮 (张)	小羊板皮 (张)	小山羊皮 (张)
甘肃	70000	4000	200000	200000	120000	10000	100000	100000
青海	100000	1000	400000	300000	100000	20000	20000	20000
宁夏	40000	4000		100000		4000	100000	
合计	210000	9000	600000	600000	220000	34000	220000	120000

①殷祖英.甘青之地文与人文.西北论衡,1939,7(24):5

②④李丛泌.西北农业概观.新西北月刊,1941,4(5):27

③陈希豪.伟大的西北.西北论衡,1939,8(2):5

据贸易委员会于1938年上半年至1939年10月西北各省皮毛购销的数量和价值情况是：羊毛207496担，价值11193778元；驼毛8224担，价值1294402元；羔皮546682张，价值714883元；老羊皮20496张，价值34435元；哈儿皮175554张，价值383107元；山羊板皮178457张，价值256510元；狐皮7672张，价值125925元；青山羊皮27634张，价值32745元；胎羔皮6829张，价值30316元；沙狐皮100109张，价值24772元；狼皮54张，价值759元。[①]

在草原从事畜牧业生产的人民，尤其是青海和新疆纯畜牧业地区的少数民族，"他们的生活还在很原始的地区"[②]。他们的衣食住行，皆依赖畜产品，"衣着则羊裘驼毛及皮造，不需棉织品，食则牛羊乳肉，住则牛羊毛编制之毡幕帐房，燃料则用牛羊驼马之粪，行则以马牛驴骡骆驼为工具。由此可见，西北经济地位，以畜牧业为主"[③]。所以，在西北畜牧业地区，畜产品是主要的经济来源，发展西北畜牧业对提高西北人民生活和建设新西北具有重要的意义。

二、西北畜牧业的状况和发展

在西北，从事畜牧业生产的地区也是十分落后的。几千年来，游牧民族在西北辽阔的天然草场上逐水草而居，他们的生活方式也处在落后和封闭的状态。西北的畜牧业由于以下因素的制约而难以得到发展。

(一)从草场来说

西北的牧畜场所一般都过度放牧，使草场受到破坏，影响了草场的再生长和利用，使畜牧业发展和扩大受到制约。在西北的牧业地区，牧民也不善于利用草场多储存草料，所以，气候多变，尤其在冬天畜群就会因没有饲料而大量

①卓　吾.西北皮毛产销概况.西北研究，1941，3(2)：13

②陈希豪.伟大的西北.西北论衡，1939，8(2)：5

③黎小苏.西北经济地理环境之特殊性.西北研究，1941，4(6)：12

被饿死,影响畜牧业的发展。同时,“家畜不能抵抗天然环境,为风雪所侵而冻死”[①],这也是西北畜牧业发展不起来的又一因素。

(二)兽疫频发,影响西北畜牧业的发展

在西北畜牧业地区,由于各种大小不一的畜种混乱地在一起圈着,平时不注重疫情的防备工作,也不注意卫生,“一旦传染流行,便成千成万的听其倒毙。”[②]

(三)不注重品种改良

西北的牧民生活还十分落后,他们对畜类的改良所知甚少,更不用说用科学的方法来进行畜类的改良,“家畜大小混在一群, 毫无秩序, 杂乱的交配,使品种愈趋愈下。”[③]

畜牧业是西北的主要经济类型之一,在开发和建设西北的经济思想中,畜牧业的发展是必须要关注和实施的。针对西北畜牧业的情况,要着手进行改进的途径有以下几点。

(一)政府在发展西北的畜牧业中起主要作用

“在这种人文的背景上, 政治的设施须从改进游牧民族的生产方式入手,简单言之,用科学的近代化的方法,将自生自灭的畜类改成优良的品种,繁衍的畜群;将天然的稀疏的草地,改成经营茂密的草场。如此可将游牧的生活变成定居的生活,即将其帐幕改成房屋,使零散部落变成集中的村落,如此则政治自然可以设施,文化水准也自然可以提高。”[④]

(二)改良西北的畜类品种

西北的畜类和畜产品因为没有进行改良,导致其产量很低或质量很差,如“新疆虽以畜牧著,惜墨守成法,致品种日趋衰劣,每遇兽疫,动辄死亡千万,更乏大规模之组织,而对于乳类,虽亦有黄油、乳酪等制品,第以方法原

①李仲连.西北畜牧事业的前途.西北论衡,1942,11(2):10

②③李仲连.西北畜牧事业的前途.西北论衡,1942,11(2):11

④殷祖英.甘青之地文与人文.西北论衡,1939,7(24):5

料，徒供土著食用，不足以在省外市场活动。再如皮革，因鞘皮制革技术幼稚，致出品不佳，价格低落，设于同样之原料，施以较进步之方法，则价定可高三五倍不等。他如毛类，亦因保护方法之粗劣，以品质之衰退，而致于国际市场上不独价格低劣，竟或无人顾问，故畜牧之改良与复兴，为今人之要图”[①]。在畜种改良方面，就要根据需要从国外引进优良品种以与内地品种杂交。如马要引进“欧美专门为拖车的挽用种马”，以改良中国马匹，利于在西北多山岭而交通不便时乘用。1942 年，在新疆的照苏马场，就用现代科学的方法进行改良和繁育示范，育成了至今在我国最为优秀的种马——伊犁马。其引进的是阿拉伯马，与中国马匹杂交后，“使其外貌美观，步态稳健，速力增大，能耐劳苦，因为阿拉伯马有几点因子，可以遗传于后代，如体质、品质、聪明、体裁，因此改良马种者，多乐用之”[②]。对于牛的改良，“应侧重肉、力、乳”三方面。西北的牛多是黄牛，“与以荷兰牛为父系种牛杂交，着手改良”。实验证明杂交牛所产的奶量，“比较母系黄牛增加的很多”[③]。经过改进的牛，不仅体质变化很大，利于耕作，而且产奶量也很大，肉质口感好，能增强国人的体质。如果当地的黄牛与英国有名的产乳的埃阿县的牛杂交，育出的牛“能耐苦，可以爬山，并且不容易生病”，可以“增加产奶量，并且还能适应当地的气候”[④]。对于羊来说，“全世界的绵羊，差不多都趋向羊毛一方面的改良”，羊毛的品质由粗而变细，羊毛的产量由多而变少。1935 年，新疆引入苏联 60 头高加索细毛公羊和少量伯列考斯公羊，与当地哈萨克母羊、蒙古母羊杂交。经过大规模有计划的细毛羊育种实验，到 1942 年，从高加索四代中选出最优秀的“九号公羊”。经过两三年之后，羊种不仅更加优良，且毛质更细更纯正。陕西在 19 世纪二三十年代引进了美利奴羊、萨能山羊、木根堡山羊与当地的山羊杂交配种，以改良畜群的品种。

①杨赞绪.开发新疆实业之管见.开发西北，1940，1(1)：31~32

②李仲连.西北畜牧事业的前途.西北论衡，1942，11(2)：12

③④李仲连.西北畜牧事业的前途.西北论衡，1942，11(2)：13

（三）科学养殖

对于西北畜牧业科学养殖，可以从两方面着手。一方面要改良饲料，增加营养，这样喂养出来的牲畜的价值就很高。西北的牧区，依靠天然牧场进行放牧，牧民对草场的营养成分无法知晓，“也无法明白家畜营养充足与否，并且对于草地也无一定的管理，不是损害了牧地，就是浪费了草地”[①]。同时，饲养西北家畜的饲料营养也要达标，所以也要对饲料进行改良。对于饲料的搭配，选用国外现成的搭配标准，如“用豌豆二磅，麦麸五磅，玉米八磅，稻草一十五磅，共计三十磅，其成分如下：干物质二六·七一，消化蛋白一·四七，总消化养料一五·六三”[②]。

二是要对畜群进行合理管理。对于畜群的养殖和管理要用科学的方法，如“种用的家畜都可以分别饲养、管理，有适宜的方法，以便登记育种，最低也要剔出劣种家畜，勿使混于一起，产生不良的后畜”[③]。所以必须用人力的办法来控制，或者分开来饲养。对于体质较弱的则搭建屋棚，使其在凛冽的北风和漫卷的雪花中得以生存下来，以减少损失。同时要将圈养畜群的厩圈打扫干净，保持卫生，以免瘦弱的家畜生病，发生大规模的疫情，造成家畜大量的死亡。动物疫情一旦爆发，后果不堪设想，牧民将会遭受重大的损失。由于我国几乎没有兽疫，或兽疫不发达，在国外绝迹的动物疫病如“马的鼻疽病，牛的炭疽病、传染性胸膜肺炎、蹄疫、出血性败血病，羊的羊痘”等，在中国仍会大规模地流行。所以，为了发展西北的畜牧业，必须发展兽疫的教育，以防止兽疫。作为政府就要有所作为，“因为防止兽疫一事，需由中央统筹办理，然后在全国几个牧区中心地带，设置血清制造厂，再发给各个工作站或巡回防疫团，来作有计划的预防”[④]。而对于牧民来说，在畜牧时要关注家畜的状态，如果出现食欲不佳或其他情况，则须隔离开养殖，以避免与其他畜

①②李仲连.西北畜牧事业的前途.西北论衡，1942，11(2)：14

③李仲连.西北畜牧事业的前途.西北论衡，1942，11(2)：15

④李仲连.西北畜牧事业的前途.西北论衡，1942，11(2)：16

类接触。

三是发展畜牧业教育。培养畜牧业人才,也是发展畜牧业经济最为重要的一环。畜牧业人才的培养离不开教育的发展,而这样的人才技能应该包括兽医、科学养殖和改良西北马牛羊的品种,使畜产品不仅在量上有很大的增加,而且在质上也较过去有很大的提高。所以,"不同的区域所在的大学中,畜牧系兽医系,在这儿除了教授书本知识而外,最重要的一部分工作,就是研究,其研究的对象与材料,就是这一区域内所能实地应用的,研究的结果,立刻可以推广出去,使不会有履不适足的毛病"。也就是要针对西北的畜牧业情况,有针对性地去研究其所面对的不利情况,而得出相应的成果。而对于广大的牧民来说,他们对畜牧业的科学养殖知识所知甚少,如何让他们相信科学养殖的优点,让他们知道科学养殖的实际好处,即"如何能使家畜大量繁殖,如何能够改良品种,怎样才能提高牧区人民的知识"。当然,西北牧区的环境比较复杂和艰苦,所培养的畜牧业人才,就要克服环境和语言的障碍,尤其内地去的人"非有适应环境的本领与坚强的毅力不可"①。所以,对当地如蒙藏民族去从事畜牧业知识的培训和学习,再回到家乡服务畜牧业事业,当为最好的选择。

民国时期,西北的畜牧业教育也有了一定的发展。如新疆在1934~1937年,曾先后派出13名维吾尔族学生去苏联奇木肯学习畜牧业,12名维吾尔族、3名汉族学生到撒马尔罕和安集延学习兽医、农林水利和蚕桑。②1942~1943年,新疆学院兽医班共招生3个班,培养出兽医90名,各行政区和部分县还开设短训班培训牧民,传授畜牧业生产技术。至民国31年(1942年),新疆省政府通过举办各种培训班,共培训出畜牧技术员117名、兽医125名、牧民兽医技术人员4894名。③到1942年,新疆有兽医院所共58所,畜牧兽

①李仲连.西北畜牧事业的前途.西北论衡,1942,11(2):17

②新疆社会科学院历史研究所编.新疆简史.乌鲁木齐:新疆人民出版社,1987,225~226

③盛世才.四月革命的回顾与前瞻.新新疆,1943,1(1)

医技术人员共5000多人。“1942年，全疆毛类产量为2163万余斤，各种皮张年产量270余万张至350余万张。”[①]青海是西北主要的畜牧业地区，为了开发和利用畜牧业资源，国民政府先后建立了皮革、洗毛、纺织、牛奶加工等工厂，同时青海向外销售的羊毛也大量地增长，这样就间接地培训了发展畜牧业的人才，不仅应对各种牲畜烈性病的防治能力大大加强，而且皮、毛产量也相应增长。甘肃省设立了农业改进所，对全省畜牧业的发展和改良也做出了积极的贡献。

尽管畜牧业在西北开发时期受到人们的重视也取得了一定的发展，但是要走向现代化养殖，还需要投入大量的财力和人力，以得到进一步发展，为新西北建设贡献力量。

三、西北畜牧业发展的目标和意义

西北畜牧业发展的目标就是实现科学化的大规模养殖化，做到像阿根廷和新西兰那样的畜牧业。西北的畜牧业要实现科学化，一方面就是养殖的科学化，另一方面就是畜产品的商品化。这样西北的畜产品如毛皮等作为工业的原料，以促进中国工业的发展。乳、肉品可以加工出口国外，使西北的畜产品成为国际上的知名产品。

(一)西北畜产品的商品化

西北的畜产品如猪鬃、皮革和羊毛在国际市场上有相当的比例，如猪鬃在国际市场上所占比例为“百分之十五以上”，因其“鬃毛富有弹性，不受潮湿的影响”[②]。但是，尽管猪鬃在国际市场上占有很大的比例，更多的钱却被日本人挣去。因为猪鬃先运往日本，在日本经过精加工后，才运往他国，这样日本人便赚得了大把的钱。同时，中国制革技术落后，尽管皮革数量很大，但是质量很差，如容易变皱和破损，有“虫伤、疤痕、黄脑、陈货、油板等

①新疆社会科学院历史研究所编.新疆简史.乌鲁木齐：新疆人民出版社，1987，403

②李仲连.西北畜牧事业的前途.西北论衡，1942，11(2)：17

毛病"[①]。中国的羊毛质量虽然很好，但是直接从羊身上剪下来的粗毛，其在市场上的价格就很低，尤其这些羊毛"掺糅细沙与粪秽等"，商品的信誉在国际市场上大受影响。要使西北畜产品在国际市场上站住脚跟，不仅要在畜产品的制作加工中采用先进的生产工具，使产品的质量跟上去，以与国际畜产品相媲美，同时，还要维护自己在国际上的商业信誉，以便更具有竞争力。在西北畜牧业地区，要根据当地畜产品的种类和特点，进行加工和生产，并使其商品化。所以，畜产品的商品化就是发展西北畜牧业的目标之一。

（二）西北畜产品的工业化

要发展西北的畜牧业，就要对西北的畜产品进行工业加工，这也就促进了西北工业的发展。在西北地区，富有大量的发展畜产品工业的原料，只要采用先进的生产机器和生产技术，就可以使畜牧工业发展起来，以提高生产并改善西北牧区人民的生活。"现在抗战建国时期，一切事业皆须事业化、工业化，而畜产品更有工业化的要求。我们畜产工业的原料相当得多，许多原料都运到外国去，而我们所用畜产的制品，大半却又由外国运回来，实在惭愧。"[②]

西北有发展畜牧工业的原料，而且这些工业又多为轻工业，所以发展起来较容易。西北的畜产品如毛、制革、皮革等的用途很广，但在制作方法和技术上"尚不能算为精到，并且大规模来制造的尤其少，无论技术上、设备上、资本上差得都很远，并且皮革的用途尚未尽量利用"。所以，"今后应由政府筹集大量资本，设厂制造"[③]。这样，不仅可以生产出质量上乘的皮革制品，而且是足供国人所用的皮革制品，西北的畜产工业也就会更加发达和成熟。毛织品和乳制品"以及鬃、裘、皮毛等，皆需要大规模制造，以纯熟的技术，配合简单的机械，或者制成鲜品，或制作罐头腌肉之类，供给全国，并将许多原料做成半制品全制品等，运至各处，一方面可以繁荣农村，调剂金融，一方面还可以鼓励畜牧事业之发展"[④]。

①②③④李仲连.西北畜牧事业的前途.西北论衡，1942，11(2)：18

畜牧业在科学的养殖和工业化的发展之后，西北"将一定是畜牧工厂林立，屠宰厂、制革厂、洗毛厂、毛织厂、毛纱厂、毛毯厂、制肉厂、乳品厂等等，都一一建设起来"，"广大的草原上，一群群的牛羊，由牧羊犬的吠声中，集就在一起，骑在马上的牧人，长鞭一挥，许多牛羊波浪般地动荡着，这是多么美丽的景象！"

西北畜牧业的发展前景是很好的，这是人们的愿望和期待。同时，西北畜牧业也在西北开发中有了很大的发展，这具有很大的现实意义。一则可以改善西北牧民的生活。在西北从事畜牧业生产的人民生活很落后，也很贫困，近代文明更没有享受到。畜牧业发展了，受益最多的是牧民，牧民的生活条件改善了，其他的方面如教育、文化才有可能发展和提高，他们的社会和经济也就会有很大的发展。二则可以使西北的畜种得到改良。畜群品种的改良，可以减少兽疫，畜产品的质量也可以得到提高，这样可以使西北畜牧业生产的经济结构发生很大的变化。三则对抗战的支持。抗战时期，西北畜牧业可以为战区提供畜牧产品，如马匹、牛用于运输物品，皮革和羊毛可以做战靴和帐篷，能提供食用之肉乳等。

总之，在畜牧业经济占很大部分的西北地区，必须对其畜牧业的现状和前景有一个清楚的认识。发展西北的养殖业经济就是要使其达到生产、管理的科学化，畜产品的生产走向科学化和商品化。尽管在西北开发时期人们认识到发展西北畜牧业十分重要，并且对畜牧业将来的发展方向有所设计并积极努力付诸实践，但是受中国当时的现实情况影响并没有取得多大实效。但是此时一些发展西北畜牧业的观点具有借鉴价值，并为以后西北畜牧业的发展指出了方向。

第五节　发展西北的林业

西北开发时期，面对西北严酷的自然环境以及如何改良西北的自然条件以达到提高西北人民的生活以及改变西北社会的落后，人们从生态环境的角度提出要积极发展西北的林业，以减少旱灾的发生以及改变由于植被少而无法渗漏致使一有雨便成灾的局面。同时积极发展西北的林业对西北的工业和其他方面的发展均具有重要意义。

一、森林及林业

西北各省的森林面积分布及树种如下:陕西的森林“自古以来,以秦岭山脉为茂盛”,全省森林面积“约占三万万亩”。树种以杨树、柳树、桦树、松树、柏树、椿树、栎树、杉树与核桃为主。洛南、南郑、安康、平利、紫阳、石泉各县的桐树“年产桐油约五六万担,安康产一种蜡树,都是工业上的重要原料”[①]。甘肃的天然林场较多。从1940年起,甘肃省农业改进所森林股对陇南地区的森林资源进行了普查,计有天水东南部及徽县、两当北部的小陇山林区,两当南部及徽县东南部的黑山林区,徽县南部的安西山林区,康县南部的寨子山林区,康县西南及文县东部的月照山林区,西和、礼县及成县北部的铁山林区,武山南部及漳县东南部的麒麟山林区,卓尼及西固、武都、文县一带的岷山林区,临洮、康县之间的莲花山林区,夏河土门关以西的积石山林区,景泰县西永泰山及靖远县之哈息山等处的永泰山林区等。这些林区的面积总共为387.95万亩。主要树种有华山松、油松、白皮松、云杉、紫衫、赤桦、白桦、板栗、橡树、椴木类、槭树、漆树、铁檀、山杨等。[②]宁夏的森林比较少,“除白杨、河柳、枣树之外,数量无多”,“惟贺兰山西坡,有云杉等林木”,所以“要加紧造林,将来亦属有望”[③]。青海的林区,面积甚广,当时有祁连山的八宝林区,贵德的松巴林区、东山林区,囊谦县的都兰林场,“共和黄河两岸产云杉,湟水上游山谷间产多量的松柏,大河壩以西之可可乌苏等地,松柏杨柳绵亘数十里,都兰及黄河上游森林亦多,塔尔寺对面山中,多松、桦、杨、柳等树”,“同仁县林

①③李方晨.西北资源概况.西北论衡,1940,8(22):19

②罗舒群.民国时期甘宁青三省林业建设论略.甘肃社会科学,1988(3).见:魏永理主编.中国西北近代开发史.兰州:甘肃人民出版社,1993,109

地，产杉桦杨柳”[①]。

新疆的林区比较多，一是迪化林区。又分为：迪化林区，包括南山小渠子、谢家沟林场，这一林区森林面积最广，遍生松木；孚远林区，东自二工河起，西至白杨河止，宽约 25 公里，长约 120 公里，产有松、桦、杨、榆等树；阜康林区，宽约 20 公里，长约 90 公里，多生长松、杨、柳、榆等树；奇台林区，宽约 20 公里，长约 120 公里，以白杨、红松、柳、榆为主；木垒河林区，面积与奇台林区相当；乌苏林区，主要是鹿角湾林场；绥来林区，主要是牛圈子林场；呼图壁林场，主要是雀儿沟林场。以上各林区均设有巡林警兵护林。二是伊犁林区，这是新疆林业的中心，森林遍布特克斯、巩乃斯、哈什三河流域，“据调查有 138 个大沟，面积为 4100 平方华里”，“有十二个以上林卡，各派大批警兵巡查”[②]。三是塔城林区，包括东山、南山两个林区，额敏县东山林区盛产杨、柳。另外还有阿拉巴克孜和塔斯两个松林林区。

在历史上，早有人认识到发展西北林业的重要性。清末，陕甘总督陶模在《劝谕陕甘通省栽种树木示》中，论述了植树造林的六大益处：“盖树木蕃滋，有六利焉……种树于山坡，可以免沙压而减水害，一利也……种树于瘠土，可以化碱为沃，引导泉流，二利也……塞外沙漠，无树不雨，终年树木之区，恒多时雨。衡以格致之理，种树于旷野，可以接洽霄壤，调和雨泽，三利也……种树遍于僻壤荒村，可以上迓天和，驱疫疠而养民病，四利也……种树成一长排，可以阻风势而御冰雹。机炮日奇，飞空悬炸，各国深知城郭无用，皆撤毁垣墙，掘沟种树，环绕数重，以代坚壁，丛林高矗立，混目迷形，侧准易乖，飞丸多阻，可以涉险而御弹，五利也……安邑种枣，富比列侯；襄阳收橘，岁易多缣……与其博锱铢于异地，何若话桑麻于故乡，六利也。故中外通人纂富国策，首推树艺。”[③]到了民国时期，在开发西北和建设西北的呼声

①李方晨.西北资源概况.西北论衡，1940，8(22)：19

②张大军.新疆风暴七十年(八).台湾兰溪出版有限公司.1980，4654～4655.见：魏永理主编.中国西北近代开发史.兰州：甘肃人民出版社，1993，104～105

③陈忠倚.皇朝经世文三编.卷 35

中,国民政府迫于舆论的压力,通过了《西北交通案》《西北水利案》《黄河造林局案》,西北的林业开始受到重视,并取得了一定的成果。到了抗战时期,发展西北林业除了以上的好处外,还对发展交通和巩固国防、发展工业都具有十分重要的意义。"吾人不欲复兴西北则已,如欲谈复兴西北,开发生产,因为有识者之一般言论,而开发生产者唯一要图,似无有更急于保存西北地方,防止森林荒废者,吾人认为复兴西北,当自复兴西北森林始,故在西北各省实行大规模之造林,使能保土蓄水,改造农业生产,又为确切不移之理。"①有了森林就要发展林业,林业是国民经济的一个重要部门,是农业生产的一个主要组成部分。同时,其对发展工业也具有很大的关系,"现代工业发达国家之利用木材,几乎是无微不至,除由林中砍伐干材,供给建筑及器具用途外,更究其物质组织及化学的利用,而为新兴工业上之重要原料,所谓'原料木材'者是也。此种研究,迄今仍在继续进行,力求改进,前途发展,何可限量?再观我国,则工业固不发达,而森林的经营,亦落人后,深望从事林业者,早为设计,努力经营,则十数年后,改进新兴工业所需之木材原料当不至发生问题矣。"②西北交通的发展也依赖于林业的发展,铁路所需的枕木数量很大,"以后还要年年更换,西北应预先培植此类树木,以便就地取材"③。抗战时期,一些军用物资的生产,或直接取自于木材,或间接由木材而来。所以,为西北开发计和抗战的胜利,都要积极发展林业。

二、发展西北的林业

西北开发时期,西北的林业有了很大的发展,这得益于对西北林区的保护,新品种的培育以及西北五省提倡和积极推行的造林计划的实行,使得西北的林业在品种、面积上较以前都有很大的发展。

---

①曾济宽.西北地方应积极提倡森林副业.新西北月刊,1941,4(4):3

②时事短评.积极发展西北林业.西北论衡.1939,8(16):2

③王劲草.建设西北与中国前途.西北研究,1943,6(9、10合):11

首先,管理和保护林业的组织结构的设立。在1919年,陕西省就设立了林务专员办事处。1928年成立省林务总局,同时裁撤林务专员办事处。他们的主要任务就是新建苗圃,在公路沿线、黄河沿岸及河流岸畔造林,并育苗栽树。陕西省政府在开发林业中采取了如下措施:一是择定城西关地址设立省林业试验场,面积210多亩,委派林业专家经营,主要进行育苗。“平均每年约育苗二十五万株”,分发各县栽种。二是规定各县苗圃面积,令饬遵办。“截至二十年(1931年)终……遵令成立者,计长安、潼关等三十一县”。三是严饬各县对所有公路两旁一律植树,“藉固路基”。四是览本省黄河、渭河两岸滩地空旷,均未植树,“特令饬沿河各县切实劝导人民,认真植树;并饬各县对于一切河流,亦须同时植树,免致汛滥。”[①]新疆为了发展林业,于1936~1942年陆续成立了迪化、伊犁、塔城、阿克苏等5个林业局,他们一方面执行国民党政府制定的森林法,同时还积极执行新疆省制定的《林木砍伐规则》及《林木伐价征收条例》,在森林区设立巡查卡房和警兵,负责森林的管理,使长期以来破坏森林的现象得到了遏制。抗战时期,新疆的政局比较稳定,省政府当局建立健全了林业结构,制定了各种林业规章制度,宣传并鼓励人民积极植树,使全省的林业有所发展。

甘宁青三省设立了农业改进所,积极发展和培植新的林木。特别是张心一担任甘肃省建设厅厅长后,他通过实地考察,认为甘肃还有很多土质很好而没有努力经营的荒山,在这里不应该种植庄稼,而是只能够种草种树。于是在农业改进所的主持下, 于1941年秋开始在兰州附近进行荒山造林实验。1942年又扩大组织省会造林委员会,专司其职。在宁夏,省政府于1938年设立了农业实验场,1939年成立了农业改进所、农务局。1941年将农业改进所、农务局、农林总场合并为农林局。1942年又将农林局改为农林处,直辖于宁夏省。当年,农林处制订出全省3年的造林计划,并成立了省营林场4处:中山公园农林场、八里桥农林场、云亭农林场和新政农林场。这些林场均

① 秦孝仪.革命文献89辑.台北:中央文物供应社,1981,508

设有苗圃,总计238亩,年育苗36.6万株。此外,宁夏各县也建立了县、区、乡林场。[①]同时,宁夏还制定了一系列保护和管理树木的办法,以促进林业的发展。“无论公私树木,直径不满三寸者,酌砌围墙。新植未越冬树木,须用绵软草料妥为包扎。凡乡保甲长不遵照本条之规定办理,而致树木损伤冻死者,予以连坐处分。无论公私树木,其直径不满一尺二寸者,无论何人持何理由,概不准砍伐,如有违背,买卖双方各课以树价10倍罚金,做一日至十日之工役。公私树木直径已长至一尺二寸,因需要采伐者,未经请准,不得擅自采伐;凡因不慎被车畜损伤树木者,罚做一日至三日之工役。”[②]在青海,植树造林被列入全省的六大中心工作之一。所以,在省政府的督促之下,“青海省的造林成绩,可说是西北各省之冠”[③]。马步芳统治青海时,就指挥士兵栽树。而在植树节时,其亲自“领导各界壮丁,于湟水河畔、荒芜地区,每日上午六时起至下午四时止,挖窝种植”,“该省前后种植的树已有五百万株以上,今年栽植的树苗,据当局统计为一,五六七,〇〇〇株,这样努力下去,青海实有森林遍地的可能”[④]。同时,青海各县也积极植树造林,因为造林的成绩是考核主要政绩的内容之一。

在林业组织机构的组织实施下,西北的原始森林得到了保护,设立了新的林场和林业实验场,培育苗圃并积极地推动植树造林。同时,其制定的一些发展林业和保护森林的措施,对保护西北林场和科学发展西北林业起到了积极的作用。

其次,西北五省大力发展经济林和植树造林。一方面,西北积极发展经济林。在开发和建设西北中,所需要的木材量很大,除了应用原有的林木之

---

①罗舒群.民国时期甘宁青三省林业建设论略.甘肃社会科学,1988(3).见:魏永理主编.中国西北近代开发史.兰州:甘肃人民出版社,1993,107

②罗舒群.民国时期甘宁青三省林业建设论略.甘肃社会科学,1988(3).见:魏永理主编.中国西北近代开发史.兰州:甘肃人民出版社,1993,108

③章云保.建设中的青海.西北研究,1939(25):6

④章云保.建设中的青海.西北研究,1939(25):6,7

外,“应该依各地之特殊环境与需要,而经营不同的森林作业,如需要木炭的地方,宜经营轮伐期短的薪炭林,开矿的地方,经营矿柱林,制造家具器皿的地方,经营一定大小的工艺材,建筑高楼大厦的地方,经营轮伐期长的冲霄合抱大材。”[①]针对西北自然条件和经济状况,发展经济林业,发展“直接关乎人民生活而积极提倡的森林副业”[②]。一是培植薪炭林。薪炭是人民生活中不可缺之物,但在西北由于森林荒废,“不但薪炭之材,无由采取,即草木亦不易滋生”,造成西北薪柴价格十分昂贵,而且也容易造成灾荒。西北多山,绵亘数省,无地不可以栽培林木。根据西北地势“可剪插白杨和柳树枝条,实行插木造林,三五年后,每年即可翦发粗枝,以供燃料,并使由切断粗枝之头部,再萌发枝条,长新材,如此循环利用树木上部剪而复发之枝条,在林业则谓之头木作业”[③]。二是培植造纸的树木。抗战之前中国的纸张多来自国外,抗战时期,中国所需的纸张大增。所以,西北发展经济林业就要多栽培造纸的林木,作为生产纸张的原料。在西北“造林于荒地,生长颇易,三五年后保其萌发多数之叶条”[④],以其做原料可以生产出大量的纸张,以供国内外的需求。三是培植榆剥皮林。西北的气候适合榆树的生长,榆树的皮和根是制造香料的主要原料,临洮所产的盘香就是以榆树皮为主要的原料。同时,榆树的根系和枝条比较发达,待其长成后可挖旁根,剥其皮以作为香料的原料。四是改良炭烧。在西北地区,一些汽车,尤其在西北公路汉宝路(汉中至宝鸡)段有使用木炭的汽车,这就使木炭的需求量大增。但是西北的烧炭技术落后,约 1000 斤的原料仅能产生 100 斤的烧炭,其他大部分的木料,化为灰烬,十分可惜。所以,在西北要大力发展薪炭林,使其在燃烧原料方面发挥积极的作用。同时,西北“如能由西北公路局,或西北技专学校等聘定林产制造专家,在原料出产地方,用改良方法研究烧炭,调节火力,缩短时间,

---

①王劲草.建设西北与中国前途.西北研究,1943,6(9、10 合):11

②③曾济宽.西北地方应积极提倡森林副业.新西北月刊,1941,4(4):3

④曾济宽.西北地方应积极提倡森林副业.新西北月刊,1941,4(4):4

其产量至少增加一倍”[1]。五是增植枣林。枣树是耐碱的树种之一，也是在西北最易生长的树木。种植枣树，既可产大量的枣子，“裨益于农村经济当非常浅显”，又可以用于其他，“比之采用其他树种其经济利益不可同日而语”[2]。同时，发展林产副业还要栽桑养蚕，培养蘑菇和插值杞柳条。培植和发展西北林业副产，主要从经济和实用的角度提倡并积极发展。但是，“森林树木之生长成材，多则百数十年，少亦二三十年，其收益之久远，为林业经营之特性”[3]，所以发展林业经济要考虑到这一特点，不可急功近利而图其他。

另一方面，西北各省在积极地植树造林。抗战时期，西北各省建设了很多的苗圃以育苗，为其他地区提供树苗。1938年，新疆植树2649800株，1939年植树8782682株，1940年植树11352400株，1941年植树12655000余株，1942年植树9466941株。[4]甘肃则在全省各地设立苗圃，有徽县苗圃、靖远苗圃、定西苗圃和中山林苗圃。这些苗圃为甘肃提供了大量的苗木。如1940年靖远县境内造林10万株，1941年造林20万株。全省“当年移植苗木220万株，播种苗木276万株，扦插96万株”[5]。青海省因为把发展林业作为其工作中心之一，树木数量增长很快。据青海省政府1941年统计，1930～1939年，省垣及民和、互助、乐都、贵德、大同等十二县，共植树二百多万株，1940～1941年，增加到600万株，1945年增加到900万株。宁夏在省政府和农业机构的推动下，各地展开了大规模的植树造林计划。宁夏先是征集民工，强制性地进行义务植树，后来采取军民分区造林的办法。1942年，宁夏新辟林场18处，总面积8464亩，植树540.8万株，成活率为60%。1943年，又大力发

①②曾济宽.西北地方应积极提倡森林副业.新西北月刊，1941，4(4)：5

③曾济宽.西北地方应积极提倡森林副业.新西北月刊，1941，4(4)：3

④新疆社会科学院历史研究所编.新疆简史.乌鲁木齐：新疆人民出版社，1987，269～270

⑤魏永理主编.中国西北近代开发史.兰州：甘肃人民出版社，1993，106

展经济林、果树林、风景林、示范薪炭林，总面积2110亩，植树87088株。[①]陕西在这一时期林业有了很大的发展，其育成的树苗主要有槐、椿、榆、杨、柳、杏、胡桃、桑、桐、合欢、皂角、漆、松、柏等树。1935～1945年，陕西农业改进所下属的各林场共育苗4000万株，造林约3407万株。[②]

最后，改进西北林业的意见。

在西北开发和建设时期，除对原有的森林加以利用之外，还要对西北林业后续发展有所考虑，以免造成"不顾木材生产供给之保续，殊为可惜"[③]。为了发展和改进西北的林业，应该对各天然林区的伐木商人进行统制，由政府组织官商合办的伐木公司，在森林专家的指导下进行，以达到对西北木材的利用和保护兼顾。一是在国防之地的林区，应该收回国有，由政府管理和经营，"且严禁开垦，以保国土之保安"。二是在林区应该取缔任意放牧和放火烧山的行为，"如有违者，可酌其轻重，加以相当之处分"。三是在荒山之地，鼓励人们积极植树造林，政府应该"奖励荒山植林，除派林业技术人员指导及贷款补助外，应斟酌情形给以苗种"。四是西北林区树木的砍伐应在政府的指导下并与伐木商人合组伐木公司，伐木公司的经理"须尽先任用林业技术人员，以期业务进展之收效"[④]。五是木材的搬运，尤其在交通不变的地方，可设木栈道搬运，这一方法设备简单，费用经济，在当时是十分适宜的。以上几点是对西北在战时及西北开发和建设时期，应该积极努力实践的最有效的改进林业的意见。

三、在西北发展林业的重要性

林业对社会的发展起着重要的作用，尤其在西北地区，起到的作用就

---

①罗舒群.民国时期甘宁青三省林业建设论略.甘肃社会科学，1988(3).见：魏永理主编.中国西北近代开发史.兰州：甘肃人民出版社，1993，108

②陕行汇刊(1、2合刊)，1946，12～13

③刘兴朝.抗战时期之西北林业.西北论衡，1941，9(8)：28

④刘兴朝.抗战时期之西北林业.西北论衡，1941，9(8)：29

更大了。首先,对西北环境和气候的影响。一是涵养水源。西北是一个干旱的地区,造成干旱的原因之一就是树木很少,所以要大量植树造林,发展林业,这“不单是把荒凉的西北披上一层美丽的外衣,另外却自有他重大的功用……森林在西北最大的效用是涵养水源,防止冲刷。西北全年雨量虽少,但每逢雨季,因为森林摧毁,童山濯濯,雨水一泻无余,桥梁房舍冲毁,肥沃表土被冲走,人民不但没有好处,反因雨水受了很大的损失,所以有‘全年皆干旱,一雨便成灾’之称”。大量植树造林后,下雨时,“树干枝叶先保持一部分,落到地面,枯枝落叶和植被又能含蓄一部分,同时树根及土内空隙,亦可容纳一部分,所以下流入河的水,既减其量,又杀其势,自然就不会冲刷成灾了。”[①]二是减少旱灾。在西北植树造林可以起到减少旱灾的作用。西北的林木多了,就可以减少水分的蒸发,使地面含蓄水分的蒸发时间延长。因为“内地所蒸发之水分,又大部系由森林植物蒸发而来”,同时有林区域的雨量较无林区域的雨量“多百分之二十四。由此可知森林能增加雨量为确切无疑之事,森林既能增加雨量,则雨水不感缺乏,旱灾自可减少矣”[②]。三是调节气候。西北的气候,以温度论,最高最低相差很大,几乎都在“四十度以上”,所以夏季炎热,冬季寒冷,日夜温差大。如果在西北多植树造林,荒山变绿土,树木吸收一部分热量,阳光到达地面者较少,这样温度就不会太高,“即附近之空气,亦必因此而冷却,及至夜间以枝叶之障蔽,地热有不易放散,空气亦不易冷却……同理亦能使距离森林较远之地方,受其影响而成一种温和之气候也”[③]。

其次,植树造林与民生的关系。民生关系衣食住行。在西北积极植树造林对改善西北人民的生活有很大的影响。从衣着来说,人们所衣者,以丝、麻、棉、毛、皮做原料,其中麻与棉取之于农产品,而西北的农产品之生长和增长

---

①王劲草.建设西北与中国前途.西北研究,1943,6(9、10合):11

②刘兴朝.抗战时期之西北林业.西北论衡,1941,9(8):27

③刘兴朝.抗战时期之西北林业.西北论衡,1941,9(8):28

与林业有关系。至于丝的生产,就要依赖桑树才能生产,“近年来发明人造丝,又纯系由木材之纤维所造成,故人论蚕丝或人造丝,均不能离开森林也。”[①]从食来说,人类从林业中获取的食品,一则是直接产自于树木的果实,一则是间接的仰赖树木所生存的动物,其肉可供人类食用。“青海的森林广大,栖息其中的动物如牦牛,力大无比,其皮骨可制器皿”;黄牛“皮可制褥,血可治痨疾,肉亦可食”;大头弯羊,“肉味均美,皮亦有用”;“麝为贵重的药兽,价值极高”。还有其他许多的动物,“均以皮毛贵重驰名”。[②]从住的方面来说,林木的作用就更大了,所住的房屋、所使用的器具,无不取自于森林,“事实昭然,毋庸多赘”。所以,发展西北的林业可以改善人民的住房。从行的方面来说,如马车、铁路的枕木和汽车的燃料都以木材作为原料,所以发展林业与行的关系也很密切。

最后,植树造林与抗战的关系。在抗战时期,木材的用量大增。对作为抗战建国大后方的西北来说,积极发展林业就更为迫切和重要。除了对西北原有的林木加以利用支持抗战外,还要大力发展更多的新的林场。无论是对民生的改善,年产的增加,还是直接用于战争,都是对抗战胜利最大的支持。一是发展军用工业的原料,如木浆、桐油、松节油、樟脑以及单宁均可从林木中获得。如桐油“且亦为我国对外贸易之主要输出品,每年以桐油所换取之外汇,以国币计之,据国民政府主处统计处月报载:民国二十五年为七三,三七八,六五四元,二十六年为八九,八四五,五六三元,二十七年为三九,二三七,〇三八元,二十八年为三三,六一四,七九四元,其价值之巨,殊可惊人”;单宁主要“为制革工业之重要原料”[③],西北有丰富的皮革及制皮革的原料,推动着工业的发展。同时,西北的林业又为抗战提供直接的支持,如用于发展交通、国防、木炭和工业方面等。

①刘兴朝.抗战时期之西北林业.西北论衡,1941,9(8):28

②李方晨.西北资源概况.西北论衡,1940,8(22):19

③刘兴朝.抗战时期之西北林业.西北论衡,1941,9(8):26

在西北开发时期，西北的森林得到保护，培育了新的林木。在地方政府和林业机构的积极努力下，西北各省的林业有了很大的发展。尤其在甘肃和陕西两省建立的林业实验场所展开的试点工作，取得了很大的成绩。而一些新的科学的发展对西北林业的认识在今天仍然具有借鉴意义。“把它与植树造林、荒山种草结合起来，首次把现代科学技术用到这一方面。”同时，这一时期西北各省也都积极地植树造林，保护西北的环境。当时关于林业的保护和对林业重要性的认识，对后人产生的影响是很深远的，为以后“大规模地开展治理黄河、水土保持的工作积累了宝贵的历史经验”①。

第六节　开发富源与发展西北工业

西北的物产包括农产和矿产，其蕴藏量都十分丰富。西北五省“五千万担小麦，占全国总产量的百分之十四，陕西的棉花更居全国第六位。其他杂粮，尤为重要”②。前文已论述过农业，此处不再论述。下面主要论及西北的矿产及其分布、类型、产量等。

一、西北的矿产

西北的矿产“简直多得惊人”，且蕴藏量之大，“既是每年能利用它的百分之一，已够西北人，甚至中国人吃用不尽了。”③如此丰富的矿藏，其种类和分布情况如下。

但在不同的省区，矿产的产量各不相同。西北主要的且产量多的矿产如下。

---

①魏永理主编.中国西北近代开发史.兰州：甘肃人民出版社，1993，113

②王劲草.建设西北与中国前途.西北研究，1943，6(9、10合)：8

③王劲草.建设西北与中国前途.西北研究，1943，6(9、10合)：9

表5　西北五省的矿产

省　别	陕　西	甘　肃	宁　夏	青　海	新　疆
金属矿产	金、铁、铜、铝	金、铁、铜	金、铁、铜、银、铅、锡	金、铁、铜、银、铝、锡	金、铁、铜、银
非金属矿产	石油、煤、盐、硫黄、碱、石灰、玉石	石油、煤、石灰	煤、盐、碱、硫黄、石油、石灰、磐石、硼砂	煤、硫黄、盐	石油、煤、盐、硫黄、玉石、水晶、石棉、石膏

资料来源:武彝.建设西北的首要问题.西北研究,1941,4(6):29

(一)金矿

中国的产金地区"除了黑龙江以外,要首推新疆青海两省"①。新疆的阿尔泰地区、达尔达木图河与苏尔图河间以产金著名。青海则被认为是遍地黄金,青海"北部之淘沙金者在五六年前,常有数千人之多"②。据调查,陕西的汉水、嘉陵江上游及秦岭南坡的各小河中,镇安、安康、石泉、南郑、襄城、褒城、马道、宁羌、沔县等处多为产金的地带。甘肃的祁连山,宁夏的鸣沙洲沙头壩、阿拉善旗,额济纳旗也以产金著名,新疆还产白金,其质佳价高。

(二)煤

在西北,煤的产量很大。据统计,陕西的煤储量"有七一九五〇百万吨",占全国总量"百分之二十九"。甘肃、新疆储量"皆为六〇〇〇百万吨,占全国百分之二四"③。陕南和陕北的产煤地区很多,陕南有的县煤矿区达"三五处不等",矿区面积有"绵延至数百万方里者"。陕北仅韩城、同官、耀县、白水、澄城等数县而论,"储量达三十六万万吨之多"。新疆的煤矿区不仅面积大,

①③武　彝.建设西北的首要问题.西北研究,1941,4(6):29

②陈希豪.伟大的西北.西北论衡,1939,8(2):4

而且质量也很佳,“其中如板桥沟煤区面积广达二百方里”。宁夏的煤产量最为多,平罗、灵武、中卫、石嘴山的煤产很多,“宁朔等县煤区面积且占八万余方亩之多”。石嘴山一带的“矿苗业已露出地面者随处可见”①。西北的煤储量很大,质量尤为上乘,如陕南矿产“硫质轻,而发热量高,深合于锅炉之用”。宁夏“无烟煤有名砟子者,燃烧且耐久”。这些都是工业生产不可或缺的优质原料。

(三)石油

西北的石油储量以陕西为最多,“其油苗之众,分布面积之广,在国中颇居重要地位。”②陕西北部的油区“长达四百公里,宽二百余公里,油床有数十所之多。延长、肤施、宜君,中部各县的油矿,民国三年,即已有北京政府和美孚公司,订约合办”③。甘肃的油矿有两处,一处在玉门的赤金堡,一处在玉门的白杨南十里,“所出的油,品质甚好,目前生产量尚小”④。新疆的温宿、乌苏、绥成、迪化以及莎车、喀什噶尔、塔城分布的油田也十分广阔。西北的油产分布在新疆北部沿天山南北麓东行至甘肃玉门、敦煌,再东行至陕西北部的秦岭,都是中国主要的产油区。

(四)铁

塔城的铁厂沟矿蜿蜒四百余里，是新疆最大的铁矿区。卡拉巴尔葛顺山、阿克斯、伊犁等地的铁矿也曾闻名于世。青海的铁矿也不亚于新疆,宁夏和甘肃的铁矿比较少。

(五)盐

盐也是西北主要的矿产之一。西北的青盐与海盐的质量不相上下。宁夏花马池、吉兰泰的盐都是很有名的。宁夏各地还分布着很多的盐池。青海的盐产“为西北冠,也是全省出口货中的第一位”。据统计,青海每年“出产盐二三万万斤,行销于陕甘一带的有二三千万斤。青海的盐池也甚多,柴达木盆

①③陈希豪.伟大的西北.西北论衡,1939,8(2):4

②④武　彝.建设西北的首要问题.西北研究,1941,4(6):29

地，就是盐湖的群居处，盐产甚丰，可以供给本埠、甘肃、陕南、西康等地，亦有运往西宁，再往各地者"[①]。甘肃有池盐和井盐两种，产量也很高。新疆天山南北均产盐，"产盐均丰，有盐山、盐滩、盐池的区别"，产量极为丰富，"尤其一些盐湖中的盐，凝结湖畔，形成天然的盐块，任人取用"[②]。陕西的盐产在西北各省中是最少的，只有榆林一县有盐产。

此外，西北的矿产如银、锡、铜、铝、硝石、硫黄、云母、石膏、石棉、明矾等，也有大量蕴藏。"至于青海、新疆、宁夏三省之盐碱，用以为化学工业之原料，尤可取之不竭，用之不尽。"[③]

尽管西北的矿藏十分丰富，而且质量也很高，但是西北矿产的开采技术很低，产量也就跟不上去。西北金矿的开采者，"惜乎固守旧法，甚鲜成效，若许山金与沙金，只能留作将来致富之资，而此一大资源，绝非一般短视者所能梦想。"[④]西北的煤矿开采仍用人工的方法，不仅慢而且产量也上不去。也有采用"新法开采者，然规模太小"[⑤]，产量上不去。至于石油的开采之法也是十分落后的，而且石油的炼制方法不精，造成石油的质量差，产量也很低。同时，阻碍西北矿业发展的另一个因素是西北的交通阻塞，造成开发出来的矿产无法运送出去，如煤"除产地以外，煤价非常腾贵，出产量与运输，均成问题"，盐"形成弃之于地的现状"[⑥]。

矿产是发展工业的原料，在西北有丰富的发展工业的原料，尤其"煤、铁、石油已成为现代立国之基本要素，金与银则为国家财产及国际贸易所依赖"。只要西北的矿产得到全面的开采，中国工业发展的原料也就不会缺乏，也会促进中国工业的发展，这对西北乃至中国都将产生很大的影响。

---

①②⑥武 彝.建设西北的首要问题.西北研究，1941，4(6)：29

③陈希豪.伟大的西北.西北论衡，1939，8(2)：5

④陈希豪.伟大的西北.西北论衡，1939，8(2)：4

⑤蒋啸青.十年来建设西北问题之轮廓.西北研究，1942，5(8)：38

二、西北的工业

西北有丰富的发展工业的原料,但是,西北的工业十分落后或者几乎没有。抗战时期,西北成为抗战的大后方,许多内地企业和熟练工人迁至西北,再加上战时的需要,西北的工业才有了一定的发展。由于战时人口大增,对纺织、面粉、火柴等轻工业的产品需求量也大增,使得这些工业迅速发展起来。其中甘肃和陕西的轻工业发展最快,如战前陕西有纺织工厂 2 家,抗战结束时达到 19 家;战前陕西有纱锭 11960 枚、织机 320 台,战时内地工厂的迁入,使陕西的纱锭达到 79808 枚,铁织机 1270 台,纺织设备能力突增 5 ~ 6 倍,年产纱量增至 48300 件,布 522092 匹。[①]到 1943 年 5 月底,已开办大小工厂 106 家（包括战前已开办的）,资本总额达 3437 万元，拥有动力设备 3461 马力,有工人 7328 人,分别占当时全国纺织工厂、资本、动力、工人总数的 43%、49%、51%和 51%。[②]甘肃的棉纺织工厂在 1938 年以前有 5 家,而 1939 年就设立了 29 家,1940 年、1941 年、1942 ~ 1944 年 6 月分别设立了 36 家、41 家和 94 家。资本 10 万元以上的有 8 家。[③]同时甘肃的洗毛厂、毛纺织厂等企业有了很大的发展。新疆的纺织业在苏联的帮助下于 1937 ~ 1942 年有了很大的发展,共建工厂 44 家[④],主要分布在迪化、伊犁、吐鲁番、塔城等地,资本总额达 420 万元,约有纱锭 6.6 万枚。宁夏的工业发展较为落后,战时仅建工厂 18 家。这一时期,西北的面粉加工业发展很快,各省面粉厂每日约产面粉 30000 袋,而以陕西省生产的为最多,全省各厂每日可生产 13500 袋。[⑤]1930 ~ 1945 年,西北的火柴业、制革业、造纸业也出现了繁荣局面。陕

①陈　真.中国近代工业史资料第四辑.北京:三联书店,1961,273

②陕西省政府统计室.陕西省统计手册,1943,97.见:魏永理主编.中国西北近代开发史.兰州:甘肃人民出版社,1993,216

③王树基.甘肃之工业:甘肃省银行总行.1944,58

④陈　真.中国近代工业史资料第四辑.北京:三联书店,1961,88

⑤陈　真.中国近代工业史资料第四辑.北京:三联书店,1961,408 ~ 410

西有协和新火柴厂、益汉火柴厂、中南火柴公司、泰昌火柴厂、保县火柴厂5家，甘肃有同生、光明等6家火柴厂；陕西有陕西制革厂、永昌制革厂、西北化学制革厂、协兴造纸厂、益生造纸厂等工厂，甘肃有建国、兰州制革厂，有兴隆公司等9家造纸厂。在此大背景下，西北地区的近代工业建设出现了蓬勃兴旺的局面。到1942年，陕、甘、宁、青四省共有工厂539个，资本总额为16917.5万元，工人32857人，拥有动力15718马力。

在西北开发时期，尤其在抗战时期西北的重工业也有了很大的发展。

(一)化学工业

陕西的集成三酸厂，1941年生产硫酸45000磅、硝酸500磅、盐酸3000磅，较战前产量提高了3倍以上，是西北最大的化工企业。青海的海阳化工厂，在青海就地取材，生产三酸、玻璃，制磷等，日产稀硫酸约500公斤。制磷厂起初日产磷40～50公斤，初步满足了煤厂、军械厂的需要。甘肃的雍兴公司兰州实用化学厂主要生产纯碱、苛性碱、油漆和甘油。

(二)机器制造业

陕西是西北工业的重要基地，1943年5月，有机器制造厂57个，资本772万元，动力设备611匹马力，工人2151人，分别占全省工业个数、资本额、动力设备、工人总数的23%、11%、9%和16%。[①]甘肃的玉门石油机械厂，是甘肃最早的一家石油机械企业，主要生产锅炉、车床刨床、抽水机、绒毛纺织机、农具等。[②]其规模之大，生产品种之多，在甘肃机器制造业史上是未有先例的。

(三)石油工业

石油工业就是对石油的开采、炼制以及储运。在甘肃有玉门石油矿，新

①陕西省政府统计室.陕西省统计手册，1944，92.见：魏永理主编.中国西北近代开发史.兰州：甘肃人民出版社，1993，227

②邢邦彦.甘肃机器局见闻.甘肃文史资料选辑8辑，115～116.见：魏永理主编.中国西北近代开发史.兰州：甘肃人民出版社，1993，228

疆有独山子石油厂。其中玉门油矿不断地改进开采、炼制和储运方面的技术，培养了大量的优秀石油工人。1945 年，玉门油矿有职工 26492 人，其中工人 5903 人。“这支为数可观的熟练和比较熟练地掌握了近代石油工业技术的产业队伍，就数量质量而言，在我国石油工业开发史上都是绝无仅有的”，他们“不仅是我国的石油工业的精华，也是我国石油工人队伍的骨干力量和优秀代表”[①]。

（四）煤炭工业

抗战以来，西北的煤炭工业发展很迅速，不仅新开了很多的煤矿，而且许多地方采用机械采煤，使产量大增。据统计，陕西 1938 年的煤产量是 24 万吨，1939 年为 32 万吨，1940 年为 41.97 万吨，1942 年为 50.59 万吨，1943 年为 67.27 万吨，到 1945 年，全省有大小煤矿 92 个，年生产能力达到 92 万吨。[②]同时西北其他各省的一些煤矿也采取了新的开采技术，使煤的产量与抗战前相比较，都有了很大的发展。

（五）电力工业

在西北开发中，西北的电力工业也迅速发展起来，以供西北工业用电和人民生活用电。当时西北的电厂有陕西的西京电厂，甘肃的玉门电厂、兰州电厂、天水电厂，青海的西宁电厂等等。在西北电力工业有了一定的发展后，一些与电有关的电焊、电镀和家用电器工商户也应运而生。西北的电力在抗战时期有了长足的发展，尤其西宁电厂，填补了青海电业史上的空白。1945 年，西宁电厂利用黄河上游的水力发电，揭开了开发黄河水利资源的新篇章。

（六）水泥工业

在西北开发时期，西北的水泥工业也有了很大的发展。1940 年在兰州成立的甘肃水泥公司，于 1942 年 5 月开始试制，冬季正式生产，每日产水

①魏永理主编.中国西北近代开发史.兰州:甘肃人民出版社,1993,231

②陕西省政府统计室.陕西省政述要,1946,7,65.见:魏永理主编.中国西北近代开发史.兰州:甘肃人民出版社,1993,232

泥40桶(每桶170公斤)。虽然甘肃水泥公司生产的水泥数量少,但其发展标志着甘肃建材业的起步,对支援抗战和甘肃经济的开发还是起到了一定的作用。

三、西北矿产和工业发展的重要意义

西北开发时期,是开发西北的矿产和发展工业的最佳时期,这时,西北的工矿业不仅得到了资金和技术上的支持,而且也得到了很大的发展。

(一)发展西北的工矿业可以支持抗战的胜利

西北的工矿业被认识并发展起来是由于抗战的需求,西北矿产的开采以及工业建设多以满足军事方面为主,如煤业"若能大规模开采,则可因化学工业之并进,解决现在入超最巨之燃料问题,其功用固非仅工业的利益也"①。对石油的开采,"立即策划开采炼制,诚以需用迫切,漏卮巨大,有不容吾人缓息也"②。西北的化工企业或其他轻工业更多的是为战争服务的,如钢铁的发展,"今日钢铁发展之程度,国无轻工业者贫,无重工业者弱,钢铁为一切工业之本,各国竞求自给。我国储铁量,约计九万七千万吨,而每年消耗钢铁原料,总计六十万吨,大半赖于他人,今若不谋奠立国防及经济基础则已,否则必须开发钢铁工业"③,在今日西北国防紧急、战事严峻的时刻,必须发展西北的钢铁工业,以支持抗战。同时,西北工矿业的发展对抗战也做出了积极的贡献。

(二)西北工矿业的发展繁荣了西北的经济

抗战时期,工矿业的发展,使西北自给自足的单一的小农经济结构发生了很大的变化,彻底改变了西北没有工业的落后现状,使西北的经济结构更趋于完善,对西北经济的发展起到了积极的作用。抗战时期,"特别是1942年前,西北近代工矿业得到迅速开发,在西北经济史上,第一次在一定程度上改变了长期以来西北经济落后封闭的状态,为支援全面抗战,打败日本侵

①②③蒋啸青.十年来建设西北问题之轮廓.西北研究,1942,5(8):38

略者,挽救民族危亡,做出了自己的贡献。"[①]西北工矿业发展起来后,对西北人的观念和生活也产生了重要的影响。

(三)西北工矿业发展起来后可以抵御资本主义经济的侵略

在西北开发中,无论是发展农业还是开采工矿业,都只是准备工作,建设新西北的重要阶段就是使西北发展成为工业化的地区,"西北工业化以后,建设大功,方算告成"[②]。西北是理想的发展工业的地区,有原料,有水及发展工业的一切基础。工业的价值远远大于其他方面,所以,"西北人不能仍然做呆瓜,把原料如皮毛棉花,廉价地卖出去,再把原料的制成品高价地买回了,西北人辛辛苦苦生产出来的东西,一转手间,钱都让外国赚走了。"[③]在西北开发时期,西北"普遍存在的手工业和旧有的少数机器工业,反得以繁荣滋长,小规模的机器工业,更如雨后春笋似的相继而起"。但是这只是短暂的发展,如果工业不发展起来,抗战之后,"外国的工业势力仍然会伸进来,把西北新兴的幼稚的工业,压个粉碎"。所以,要利用这一千载难逢的机会,努力发展西北的工业,使其在将来有能力与外国资本主义经济对抗。"将西北工业尽量发展,使它的基础巩固,能够立得住,扛得起,才可以不再受外国工业的压制。"[④]

尽管抗战时期西北矿产的勘测和开发有了一定的进步,西北的工业也有了较大的发展,但是这些发展还是不够和不全面的,其对西北社会的全面进步和彻底改观还有很大的距离。如有的矿业采用近代先进的技术生产,而更多的矿业都"守着陈旧的法子,慢慢的一锄一锄地挖着"[⑤]。"机器工业虽然蓬勃起来,生产量和需要量还是相差太远,不特没有影响到乡村的手工业的地位,并且也同时促进手工业的勃兴,所以目下西北工业,恐怕还是以手工业为主体吧!"西北的工业"虽比以前进步,但工业的基础,尚不能完全确立

①魏永理主编.中国西北近代开发史.兰州:甘肃人民出版社,1993,238

②③④⑤王劲草.建设西北与中国前途.西北研究,1943,6(9、10合):13

起来”[①]。开发西北的矿产和发展西北的工业，还要大力发展西北的交通运输业，否则会陷入“出产出东西，运不到需要的地方，结果也是徒然”这样一种恶性循环之中。

在西北开发中，利用西北的矿产发展工业是最为迫切，也是最为恰当的做法，这对工业起步晚、技术落后的西北来说是具有重要的意义，但是要发展起用机械开采的矿业和现代化的工业，还需要更多的时间和更多资金的投入与政策的支持。

①武 彝.建设西北的首要问题.西北研究，1941，4(6)：30

第五章　开发和建设新西北之社会思想

建设新西北的思想除了经济方面的内容外，还有丰富的社会思想，这些思想是运用近代的理论和制度设计着新西北社会发展的方向。下面分别从政治、教育、民族和文化几个方面论述建设新西北的社会思想和理论。

第一节　改革西北的政治制度

民国时期，欲使西北开发顺利进行以及新西北顺利建设，还必须对西北的政治进行改革。西北的政治改革，是对西北固有的、落后的政治制度进行改革，同时还要建立起新的政治制度，使西北社会摆脱落后和贫穷，并使西北人民树立起对政治的信心。西北的政治改革，要根据西北社会的特点，有针对性地进行。西北的政治改革既是西北开发的内容，也是西北建设的目标，即建立自由、平等、民主和科学的政治制度，以及一个在现代政治理念指导和统治下的新西北。改革西北政治制度的思想，是现代化语境下人们对西北社会政治理想的追求。

民国时期西北的政治现状是不容乐观的。辛亥革命后，中国推翻了封建制度，结束了推翻皇帝做皇帝的历史轮回，建立了一个新的政治制度，即建立了一个理想的以三民主义为指导的新国家。民国初年，国民政府政治混乱，军阀争夺。军阀们为了自己的利益，在东南富庶之地你争我斗，而对西北地区漠不关心，也对西北的情形一无所知，任其自生自灭，造成西北政治的无序和社会的紊乱。而西北的政治操纵于军阀和外地政客的手中，他们残酷地压制并剥削西北的各族人民,“西北诸省人民,因久处暴力压制之下,养成一种怕官吏无抵抗,顾一己利益,不热心公益之恶气习。”[①]这就造成“西北各省除受帝国主义者影响外,还有重大的天灾、离奇的人祸,重重压迫,久已将西北民众的生路断绝。因为生路的断绝,于是铤而走险,更酿成社会上杌陧不安之象,致西北民生更趋于无办法之意图”[②]。

在西北开发中,人们认识到开发、建设西北与政治十分密切,是相互促进和相互协调的关系。因为,西北的经济开发、民族关系的调节既需要全国政治的统一,更需要西北地方政治走上轨道。所以西北的开发和建设,“其先决问题必有待于政治之上轨道,协调种族,暂置勿论,谈经济开发,以一切落后之区域,欲迎头赶上,非事先有精确详密之计划,有政府统制执行,则不易于最短之时期,求最大之效果。而统制经济,非政治机构运用灵敏,与夫各级政治负责人员廉明努力,则成效未观,而弊端丛生矣。谈西北问题,而必以改革政治为当务之急,其意在此。”[③]所以,西北政治的改革不仅仅在于对政治弊端的改革,还要使之对西北开发和建设具有帮助和指导作用。针对西北的政治特点和地位的重要性, 必须对西北的政治进行改革以促进西北社会的发展和新西北的建立。

一、对西北政治现状的认识

何为政治,在西北时期,国人对此有新的认识。论者指出:“社会是人的集团,人的活动能推进社会向上;政治是实现人类‘保’和‘养’的必然的活动,求‘保’‘养’的安适是人类的根性,也可说是所有生物的根性;生物的能生存全赖‘保’和‘养’,生物的有生存也就为的是‘保’和‘养’;所以使尽‘保’的职务,又不能使尽‘养’的职务是不完全的政治,既不能尽保卫之责又不能

①田炯锦.开发西北声中西北居民应有之努力.新西北创刊号(上海),1932:14

②郭维屏.开发西北谭.新西北(上海),1932,1(3、4合):9

③贺 其.开发西北与地方政治制度之改革.新西北月刊,1939,1(2):11

尽养育之责的政治是应该由人的自发的力摧毁并改建的。”[①]事实上，政治的作用就是为人民谋福利，造福人民。从“保”和“养”的角度来观察西北的政治，其现状不容乐观。

首先，政治极为腐败。西北交通梗塞，教育落后，人民对近代政治含义一无所知。对于西北的统治者而言，他们可以愚弄人民，以达到统治和剥削西北的目的。国民政府对西北也是隔膜不悉，更不会对西北政治的腐败和落后采取办法以改进，致使西北开发时，西北的政治仍停留在封建社会时期，再加上军阀的武力压迫和征服，“掠夺成了政治的唯一作用”[②]。西北的苛政十分严重：一是苛捐杂税名目繁多，“而且之重，十倍于前，人民一年勤劳之所得，往往不足供纳捐之用。”[③]二是西北之地多为军阀统治，为了扩张自己的力量，他们大量招兵，使西北地区的军患十分严重。军队对西北人民的骚扰和剥削更为严重。西北“为县长者，多系军人推荐，向人民所勒捐款十分之七八饱入私囊，人民苟无力缴纳，则吊打拘押，动施极刑。驻在各地之军队，辄开赌收捐，以致稍有资产人之子弟，多被诱聚赌，因倾家之破产者，数见不鲜。西北各地，这几年死亡数百万人，实苛政有以致之”[④]。在腐败和贪污盛行的西北，人民所受的压迫非语言所能表达，所以要开发和建设西北，必须改革西北的政治。

其次，政治不独立。西北的政治操纵在西北军阀和外地政客的手中。西北人民没有参与和管理西北事务的权利，致使西北社会经济凋敝，文化落后，人民生活难以为继。在军阀和外地政客的统治下，西北人民生活在水深火热之中，再加上自然灾害，西北人民“老弱转乎沟壑，壮者散而至四方者”不计其数。外地的政客到西北就是为了发财，根本不顾人民的死活，为了私利，他们对西北的统治和压迫“残酷最甚”。以皖系军阀张广建为例，在他统治甘肃七八年间，“全省行政人员及税收厘卡，全为与张俱来之皖人所把持，只问是否皖人，不问有无才识，小则科吏税役，大则县长厅道。以故甘肃人民

①②杨作荣.甘肃政治建设之途径.新西北创刊号(上海)，1932:21

③④云　青.开发西北之先决问题.新西北(上海)，1932，1(3、4合):3

只知所谓政治者,即皖人借以敛财正当之工具耳"[①]。而西北人民对西北的事物无力也无法进行建设,只能徒叹奈何。所以,西北的政治无法脱离军人操纵而走向独立,更不会在外来军阀和政客的盘剥下有所建树。西北人民的痛苦"即为政治占有者视同殖民地搜括搞索无所不用其极。人民之血汗的榨取,并不用之于保维人民,教育人民"[②]。这种政府和这样的政治,没有对西北社会和人民尽到保和养的责任。西北人民要推翻西北军阀和政客的统治以及反对武力统治,实行军民分治,建立西北人自治的地方政府。

最后,政治的复杂性。西北政治的复杂性主要在于西北社会的复杂。西北社会的复杂表现在以下几个方面:一是西北社会发展参差不齐。西北地区的经济发展是不平衡的,有的是农业经济,有的是牧业经济。尤其在广大的牧业地区,人们还处在"原始生活状态"。如果实行近代的社会政治制度,必然会触动奴隶主、土司的利益,遭到他们的反对。二是在历史上,历代政府对西北人民采取的是愚民政策,实施的是挑拨离间和民族歧视政策,再加上政治的腐败及压迫,致使西北各民族对政治和政府素无好感。三是西北的教育不发达,再加上西北地区民族复杂,语言不统一,这样不仅使西北社会矛盾复杂,而且人民对近代政治的接受和认同必然受到影响。

西北的政治是腐朽、黑暗的,在西北开发和建设中,必须对西北社会的政治现状有清楚的认识,才能有的放矢、有针对性地改革西北的政治,建设一个现代政治统治下的新西北。同时,改革西北的政治是西北开发的主要目标之一。"无健全的政治,就无健全的社会,无健全的社会,也产生不出健全的政治。"[③]政治稳定了,经济、教育和文化才会发展,西北的开发和建设才会取得成功,使西北政治真正发挥"保民"和"养民"的作用。

---

①杨作荣.甘肃政治建设之途径.新西北创刊号(上海),1932:22

②杨作荣.甘肃政治建设之途径.新西北创刊号(上海),1932:34

③施奎龄.现阶段的甘肃政治.新西北月刊创刊号,1939:16

二、改革西北的政治

在西北开发和建设中，对西北政治进行改革，必须要针对西北政治的特点一一进行，以促进西北社会的发展。

首先，促成西北地方政治的自治。1928 年以后，国民政府名义上统一了全国，“地方自治之工作，为训政时期全部工作之重心”。这样是“为矫正从前重省轻县之传统观念，特置重于县自治之行使及地方之建设，以期达到真正之民治，措国家于磐石”[①]。同时，在我国实施新政应根据实际情况而有所不同。“吾国幅员广大，各地之文化经济状况即难强同，而风俗习惯亦迥相悬殊，自不能等量齐观，合一炉而治；为政贵在适宜，强不同者而欲之同，结果比虚应故事，苟且塞责，无成绩可言。”[②]对于西北而言，其情形更为特殊。一方面，西北的政治操纵在军阀和政客的手中，这样西北的政治就是军人专政。而外来的官吏到西北后，在政治上任人唯亲，打击并排挤西北的地方人士；在经济上，不图发展经济，改善人民生活，一味地敲骨吸髓地剥削人民。在军政不分的西北，“人民毫未感觉政治之真正需要，反认为可恶可畏的蛇蝎，俯首帖耳地忍受着掠夺者借政权作纵欲的剥削。所以人民生命、财产、妇女等等都是征服者的私有财货。政权把握者除了恣情的掠夺外，教育一类的事，均被认为绝对不必要，不但不必要且认为于自己的征服有绝对妨碍，更加惨酷的摧残。”[③]另一方面，在西北军阀和政客的掠夺与压迫之下，西北民众对官吏、政治产生一种极为不良的恶感，并视政治为畏途。西北人民受欺凌，并认为是当然，“这种坏根性并非处在西北之人民与生俱有；良由久受外来恶势力摧残压迫，日久遂养成怕官吏怕军阀之习气，误认军阀及外来官吏为特殊阶级，人民受其剥削，然只得听命。”[④]在这种政治环境下，西北人民

①秦孝仪.革命文献 79 辑.台北：中央文物供应社，1979，251

②秦孝仪.革命文献 79 辑.台北：中央文物供应社，1979，252

③杨作荣.甘肃政治建设之途径.新西北创刊号(上海)，1932：21

④田炯锦.开发西北声中西北居民应有之努力.新西北创刊号(上海)，1932:10

"愈受其威胁而退避,愈退避而生活愈感困难"[①]。所以,在西北地方实施自治就先要革除政治中的恶瘤,稳定社会秩序,改变西北人民对政治的恶感,然后才能谈到西北地方自治。

在西北开发和建设中,要积极地改革西北的政治,促进西北地方的自治,培养西北人民了解认识政治并积极地参与政治,使政治走上正轨。在正轨的政治统治下,使西北的开发和新西北的建设顺利进行。一是西北人民应该自行努力振作,推进西北地方自治。"欲使开发西北于全国有百利,而于现住西北者无一害,只有靠西北人民自行努力振作,推进地方自治,使地方事业,由地方人民共同负担之,不受军阀之束缚与外来势力之垄断。"[②]二是应该发展西北教育,提高西北人民的知识,培养西北人民的自治能力。发展现代教育才能提高人民的知识,才能接受现代政治观念,才能参与和监督西北的政治制度,"如恶势力非法摧残人民自由或剥夺人民权利时,大家应群起反抗之。勿误认军阀及外来官吏为特殊权利时,当知他们为人民公仆,苟他们做事遵法律守范围,人民应该服从;如其行动违法乱纪,则是自丧其为公仆之身份,人民应有制裁他们的权利和义务"[③]。三是西北人民要"切实团结,严密组织,以防野心军人之压迫与贪官污吏之横行,以便完成自治,监督政府"[④]。

其次,改革西北的地方政治制度。在西北开发和建设之中,对西北政治的认识和改革也在进行中。有关西北政治改革的思想有以下几点。

(一)调整行政机构

西北政治机构的运用,权力宜集中,事务宜分工。此两者必须合并运用,"主属机关,及一机关之主管部署,各明其权利与责任为同比例之进退,则行

①田炯锦.开发西北声中西北居民应有之努力.新西北创刊号(上海),1932:14

②田炯锦.开发西北声中西北居民应有之努力.新西北创刊号(上海),1932:14~15

③田炯锦.开发西北声中西北居民应有之努力.新西北创刊号(上海),1932:15

④郭维屏.开发西北谭.新西北(上海),1932,1(3、4合):14

政效率可以立见。”[①]调整行政机构，使能灵活运用，提高效率。针对西北行政状况，“纵的方面，省政府与各厅处，县政府与各局科，均截然形为两级，彼此直接行文，使省府与县府，不克层层节制，失去以身使臂、以臂使指之效；而横的方面，由于省厅处之不明实况，造成政令之上下隔阂，流弊所至，不可胜言”[②]。所以，西北的政治要集中权力，省府“主席与各厅处长的主属关系应该分明，各厅处除对本厅处内事务进行及对所属职员指督外，不得擅颁命令，一切对外文书，概以省政府主席名义行之”[③]。同样，县政府与所属机关也应该把权力集中于县长，避免产生各局对各厅，直接负责，“县长不参与任免之权，于是不顾县长之指挥，各厅对各局每以其服从命令为与否，为考核之标准。县长认为玩忽废事之局长，而厅方以其平时服从命令，反予嘉奖，事权既不统一，事业自难通盘筹画”[④]。同时，要使各厅处分工明确，管理自己内部的事物，这样可以上情下达，运作灵活，使上下密切联系，协同动作以增加行政的效力。

（二）权力宜制度化

各级政府机构和各级政府官员所具有的权力应是法律赋予的，居其位，有其权力，同时也负有相应的责任。这样，西北的政治形成定规并制度化，“责之负何种责任，斯应界之以同比例之权力。故权力一经法定，不仅他人不得侵占，即上官亦不可以非法律之方式，随意剥夺”[⑤]。这样，权力制度化后，各人在自己的权限范围负其责任，也可以作为考核其行使权力是否合格的标准。如果权力没有制度化，西北的社会就会产生不平等。因为，如果有些官员“与当局有私人关系者，所行所为，尝可超越法律上所赋予的权力”。这样就使政府各级官员，“不能不分一部分之精力，或全部分之精力，应付上下。揣摩钻

①④贺　其.开发西北与地方政治制度之改革.新西北月刊，1939，1(2)：11

②周　焕.西北政治建设问题.西北研究，1939(25)：3

③周　焕.西北政治建设问题.西北研究，1939(25)：2

⑤贺　其.开发西北与地方政治制度之改革.新西北月刊 1939，1(2)：12

营,由此而生"[1]。只有西北的政治制度化,政治中一些不良的现象才会避免,这样西北的社会或全国的政治才会进步和发展。

(三)政府政令应因地制宜

西北地域辽阔,民族众多。所以西北的政治制度要根据西北社会的发展层次和复杂性来实施。如果以同样的政治政策,统一实行于西北各地,以求"齐头削足,以求划一",这样的政令不仅难以推行,而且会产生不良的后果。因为"执行此项政令之地方官员,以事实上之扞格难通,不得不斟酌实际情形,略事变通,自身已先触犯法令,而人民便无所遵从,法令多而无法执行,政令之威信,从此日堕矣"[2]。

(四)改革地方的财政

地方行政与地方的财政和税收的关系十分密切。一则,地方的税收是地方政府的主要资金来源,是政府运行和地方发展的主要保障。二则,如果税收的机关多,税收的名目多,就会伤民,会造成地方的经济崩溃,也会增加人民对政府和官员的不信任感。西北的财政弊端有两方面:一是税收的机关多,二是税制不平等。"目前各地征税机关,依其税别,分设税局,一城镇之中,税局林立,税吏充斥"。税吏一多,其对人民的盘剥就愈多。一般税吏的薪金很低,但他们的生活"则豪绰非一般廉洁自好之高级官所可及"。所以,改革地方的税收,就要精简税收的机关和裁撤多余的税吏。只有依法收税,"经费可以节省,人员可以少用,而薪俸可以增加,稽查便利,杜弊易周,无形中利民多矣"。同时,还要公平收税,"现行税制之不公允,厥为田赋,农民受亏,而富民乘便",所以"今后收田赋,应规定土地所有权之最高额,额内照普通税率征收,逾额则累进征税,而不在当地地主之土地尤宜课以重税"[3]。

西北的政治改革涉及各个方面,只有这些都进行革新,西北的政治才能进步,西北的社会才能发展。西北的政治改革要根据西北政治的一般性和特

①②贺 其.开发西北与地方政治制度之改革.新西北月刊,1939,1(2):12

③贺 其.开发西北与地方政治制度之改革.新西北月刊,1939,1(2):13

殊性而进行，这样才不会流于形式，才能取得实效，为西北开发和建设打下基础。

最后，树立廉洁政风。政风，即政治作风，“这种作风的效力并非标新立异，而在于‘树之风声’”。其作用在于“作风有以便，使之风靡也”[①]。中国的政风历来就不明朗，官风不良，成为政治的致命伤，“国家之败，由官邪也”。所以要树立廉洁的政治作风，一则可以推动西北的政治建设，二则可以使西北人民树立起政治的信念，可以减少政令在西北推行中的障碍。欲树立廉洁的政风，就要“在上者丝毫不苟，廉洁自奉；在下者，亦多能勉力为善，不敢妄作；反之，则上有好者，下必有甚焉者矣”[②]。还要严刑峻法，惩治贪官污吏。惩治贪官污吏，可以起到惩戒的作用，树立起新政治的作风，更要让人民信任政治和政府。同时，良好的政治还要注意教育、监督和事前防范，如“各机关实行会计和统计制度，是防止贪污的治标办法；确立公务员的人事制度，由法律上予以生活的保障，使能安心供职，杜绝贪污之念，这是防止贪污的治本办法”[③]。对于官员而言，还要加强个人的道德修养，并对他们采取监督之法，这样才能树立起为国为民的廉洁作风。

在西北的政治改革中，需要各种专业人才。要培养政治人才，推进西北的建设。西北干部人才的培养，除了考试、开办训练班之外，还需要“政治负责当局，多奖掖有为青年，留心提拔，多为利用，因为多为利用，始可鼓励个人奋发有为，力求上进，故善用亦是培养之一道”[④]。只有大量有为青年干部被提拔利用，西北的政治建设才有基础。

计划是现代行政必不可少的，所以西北的政治改革和西北政治的实施必先制订详细的计划，方可在人力、物力、财力的范围内，切实地去做，才能

①淦克超.建设西北的先决问题.新西北月刊创刊号，1939：35

②周 焕.西北政治建设问题.西北研究，1939(25)：4

③周 焕.西北政治建设问题.西北研究，1939(25)：5

④周 焕.西北政治建设问题.西北研究，1939(25)：6

达到预期的目的。当然,计划并非易事,不是个别官员就能想出的,而需要专家经过相当细致的研究才能得出。有了确定的行政计划,可以避免“头痛医头,脚痛医脚,政令不一,有始无终的现象。这种有应付而无计划的政治,乃致负责官吏,失所准绳,相率以敷衍为尚,无过为功”[①]。西北的政治,就要根据自己的现实状况,针对具体的问题,做出详细的计划,有步骤、有计划,“制宜合度,审慎以赴”地解决。这样,西北的政治不会因人事的变动或其他因素的影响而稳健地向前推动。

三、西北政治改革的意义

在西北开发和建设的呼声中,改革西北的政治制度成为政治改良的唯一途径。针对西北的政治现状,不同的人提出了不同的改革和建设意见,有从民族问题的角度谈政治的改革和建设,有从西北军阀和社会现实提出政治改革意见,有的则从三民主义政治的理想来规划西北的政治前景,“如施之广漠的西北,无旧社会所遗留之制度文物可以阻挠,事事俱可自我的依三民主义,政治理想规划、创制,则三民主义政治理想之新社会,由产生而发育当不难也”[②]。这些改革西北政治的思想尽管没有全部实施开来,但在西北开发中一些政治改革主张得以实施,对西北社会的发展起到了积极的作用。

首先,对西北政治的改进起到了促进作用。在开发和建设西北中,国民政府和地方政府都积极地采取措施对西北的政治进行改进。如甘肃省朱绍良任省主席时,就根据甘肃省的政治现状进行改革,指出“惟政治之推行,非可旦暮之间一跃而进,必须顾及环境,排除障碍,然后按既定之步骤,循一贯之方针,逐步进展,乃能收其实效”。面对以前军阀官僚统治下的甘肃黑暗政治,要有清楚的认识,才能有针对性地进行改革。“需知过去,处积习相沿之后,承变乱敝瘵之余,交通不便,人才缺乏,倘率尔更张,贸然变革,民力不足

①周 焕.西北政治建设问题.西北研究,1939(25):5

②赵三纲.开发西北之重大性.新西北创刊号(河南),1933:4

以负担，反因而受困，善政扰民，不可不慎，要当一方培养民力，一方改进民治，庶几纲举目张，事功乃见”①。在对甘肃的政治有了一定的了解后，朱绍良开始着手各个方面的改革和建设，如甘肃的民政、财政、政治、民族政策、党政，尤其惩治贪官污吏等方面有很大的建树。经过改革，甘肃“一年来，政治经济之进步，聊足引以自慰者”②。尤其在抗战时期，西北的政治就本着“军事第一”和“节约第一”的方针，不增加人民的负担，节约行政支出，这样西北的政治才渐“纳入轨道”。

西北其他各省也在积极地进行政治改革，以促进西北社会的发展，尤其在禁烟、保甲、兵役等方面取得了很大的进步。同时，针对西北地区敏感的民族矛盾和民族隔阂，地方政府从政策和宣传上逐步消弭之，努力加强彼此的了解和团结，使西北的开发和建设顺利进行，为抗战和建国提供积极支持。

其次，消除西北地区人民对政治的不信任。历代主政西北的官员和军阀的不良政治制度，留给西北人民的影响就是苛捐杂税、鱼肉百姓和作威作福。他们不造福地方和人民的做派，使西北人民视政治如虎狼似蛇蝎。西北人民敌视政治，仇视官吏，对官府的一切都充满了不信任感。所以在西北政治改革中“政府即依据确定目标，聚精会神，按照一定步骤，向前推进，一面扫除政治上一切障碍，一面唤起民众对于政府政策之了解”，只有加强宣传，以“坚定民众之信赖”③，以减少人民的误解和怀疑，使政策在西北能顺利地推进开来，西北的政治和社会才会发展。

最后，近代的政治理念在西北得到了传播。近代政治中的自由、平等、民主和法制等各种理念，也在改革西北政治的思想中得到了传播。以前的政治只有施政者和被压迫者，人民只有俯首听命而无参与其中的权力，而近代的政治从根本上改变了过去政治的作用以及人民对政治的观念。一是平等观。国民政府在政策的制定和实施中要本着平等的原则，要从法律上保障各民

①朱绍良.甘肃政治之今昔观.新西北月刊创刊号，1939：10

②③朱绍良.甘肃政治之今昔观.新西北月刊创刊号，1939：12

族在政治上、经济上以及社会发展上有平等的机会和地位。地方主政者在施政时，要保证其和平相处，使其有平等的发展机会。在西北地区，政治的作用还要处理好民族关系，否则，西北的政治改革就不会取得成功。二是为人民服务的观念。从人们对政治的本质认识来看，政治的目的是为人民解除困难，政策的制定和推行都要本着为民的观念。国民政府的政治和制度均以服务于民而设定。三是科学观。在西北开发和建设中，近代的政治观念在改革中体现出来，尤其科学和民主的思想在西北得到传播，这对西北地区的人民而言起到了教化的作用。

在改革西北政治的思想里，人民对西北的政治现状有了一个清晰的认识，并对如何改革以及达到什么程度都提出了详细而全面的规划。西北政治改革的成功与否，不仅关系到西北开发和建设的顺利进行、西北社会的稳定和发展，而且还关系到抗战建国的大事，所以西北政治的改革受到各方的重视。对西北而言，社会的改革应该向着这一方向前进。同时，近代进步的政治观念在西北的传播，也如一缕清风，对西北人民起到了教化的作用。

第二节　西北报刊对西北教育的认识

在西北开发和建设中，发展西北教育的思想也十分丰富。针对西北教育的现状和西北教育如何发展，成为西北报刊关注的重点。

一、西北教育的现状

民国时期，西北教育之落后，几乎十人之中九人为文盲，其现状令人担忧。西北各省“其文化之低殊为可怜，其教育之不发达可想而知”[①]，“同为中华国民，内地已享二十世纪之文明，而西北则停滞于原始生活”[②]。教育承担着教化人

①张子清.开发西北中的教育问题.新西北创刊号(河南)，1933:10

②张子清.开发西北中的教育问题.新西北创刊号(河南)，1933:9

民的功能,也是社会发展与进步的表现。在西北开发的呼声中,发展西北教育是时代的要求,也是社会发展的必然。西北教育落后的原因有以下几点。

首先,历史原因。西北在历史上被统治者视为化外之地,他们对西北的教育无论在资金的投入和教育设施的建设上几乎无从谈起。"我国自有清以来,国家朝野人士,向不重视陲远之边疆"[①],在晚清时期,在西北的乡试之地只有西安一处,甘、宁、青、新的学子如果要参加乡试,要翻山越岭,千里迢迢地来到西安,且期间的花费也是不小,这对于经济非常落后的西北考生来说,也是不得不考虑的重要因素之一。这就限制了更多的学子去参加乡试。"这说明了科举制度在西北地区的实施的程度很低,也反映了晚清时期西北教育的极端落后。"[②]进入民国时期,内遭军阀的祸乱,外受帝国主义的侵略,政府对西北的建设无时间,也无心情经营。这样就使西北的教育处于恶性循环的状态,其影响更坏。西北诸省区的学子,由于没有机会接受良好的中等教育,"于投考时,多被淘汰",于是就进入一般的学校就读,毕业回到原籍"充中等学校教师,以己之昏昏,焉能使人昭昭",所以他们所教的学生"程度愈下,亦愈无机会考入比较完善之学校。此弊苟不速为铲除,日久则西北各省区,事实上将陷于无教育境地"[③]。同时,清政府在西北实行的是愚民政策,禁止西北人学习进步的文化,以利于其统治,"嘉庆道光同治年间有禁止蒙人学习及使用汉语,并禁止建筑类似汉人之房屋的命令。"[④]

其次,经济原因。西北各省,地处边陲,交通不便,再加上地理复杂,气候严寒,经济结构单一,且自然灾害频发,经济十分落后。民国时期西北的经济仍然处于自给自足的状态,经济结构仍十分脆弱,"陇中寒苦荒俭,地方数千里,不及东南一富郡。"[⑤]经济的贫困,使得地方政府没有资金投入到教育的

---

①邹次硕.开发西北之重要与前提.新西北创刊号(河南),1933:2

②魏永理主编.中国西北近代开发史.兰州:甘肃人民出版社,1993, 496

③田炯锦.开发西北声中西北居民应有之努力.新西北创刊号(上海),1932:11

④张子清.开发西北中的教育问题.新西北创刊号(河南),1933:8

⑤左文襄公全集·书牍.卷 22

建设和发展上,西北人民也因为生存的考虑,而失去了受教育的机会。愈贫愈不能接受教育,没有接受教育则无法从深层次认识到自己贫困的原因和摆脱贫困的方法,陷入了更加贫困的生活中。西北的人民“十分之九目不识丁,这是因为生活程度极低,感不到需要学问的缘故”[①]。同时,西北经济十分脆弱,灾害频发,一遇到自然灾害,就面临破产,以至于“遇到金钱不能维持生活的事实”[②]。所以“近数年来,西北各省区,因天灾人祸,中小学校或全然停闭,或仅有空名而经费毫无”[③]。经济与教育的关系是互为因果的,所以西北教育的落后也是必然的。

最后,西北复杂的民族和宗教。西北是一个多民族杂居、民族宗教和文化习俗多样化的地区。宗教信仰不同和民族语言文字的不统一,对西北教育的统一和有效的实施增加了许多的困难。当内地的教育者探讨中国教育的现代化和教育富国,以及教育与中国的出路时,西北的教育仍然停滞不前。一是西北的宗教教育阻碍了西北现代化教育的普及。在西北,各民族的社会组织和人民生活均受到了宗教的影响,“拉卜楞六个经堂即六个学院……僧众三千余人,分十三级,习五部经典即因明、般若、中论、俱舍、律学……毕业的考试、升级的办法、学位的授予皆有详细的规定”[④]。在其他的方面,如“寺院与农民的租佃关系,如寺院有对农民制裁的力量,我们在许多的事实上全可以看出宗教的力量在西北区域的巩固”[⑤]。同时,在宗教的影响之下,西北人民的一切行动思想都受宗教的束缚,所以西北“一切的教育实施,全要受到严重的影响,甚至停滞在不能工作的状态中”[⑥]。二是西北各民族几乎都有自己的语言文字,缺乏统一交流的文字,在民族交流和交往中发挥积极的作

①张子清.开发西北中的教育问题.新西北创刊号(河南),1933:11

②Fender. Andrew .中国西北死亡的侦察.乔海清译.新西北创刊号(河南),1933:22

③田炯锦.开发西北声中西北居民应有之努力.新西北创刊号(上海),1932:11

④李安宅.拉卜楞概况.新西北月刊,1942,5(1、2合):12

⑤⑥李之璞.西北教育的再检讨.西北研究,1943,6(3):18

用。语言不通,不仅使民族间有隔阂,而且对教育的普及和发展也起到了阻碍的作用,如新疆"以民族复杂,文字不一,故教育极不发达"①。

从以上几点看出,西北教育的落后是历史、经济和社会原因造成的,但是西北的教育究竟如何,许多关注西北教育的热心人做了一个调查,西北几个省区在1928~1933年的教育状况如下,可窥其发展的一斑。②

表1 1928~1933青海、新疆、甘肃三省的学校情况

省区	年代	初等教育(所)	中等教育(所)	高等教育(所)	全国排名
青海	1928	56	5	无	30以后
新疆	1930~1933	122	2	1	19
甘肃	1933	4207	25	1	26

西北教育的落后，对西北开发和西北社会的进步与发展都产生着不利的作用,对西北教育重要性的讨论也是西北报刊关注的焦点。

二、对西北教育重要性的讨论

教育的重要性是不言而喻的,它与社会的发展和进步,以及经济的繁荣都有密切的关系。对于偏僻的落后的西北来说,教育又承担着开发西北进而使西北社会与时代的步伐一致的任务。所以,报刊对西北教育的重要性从以下几个方面进行论述。

首先,西北教育与西北开发的关系。发展西北教育是西北开发的主要任务之一,能为西北开发培养人才,使西北社会摆脱贫穷落后的局面,并走向进步、富裕的现代化社会。所以,西北教育与西北开发是互为推进的关系。一是

①张子清.开发西北中的教育问题.新西北创刊号(河南),1933:12

②张子清.开发西北中的教育问题.新西北创刊号(河南),1933:11~13

西北开发的主要关注点之一就是发展西北的教育。有关发展西北教育的文章很多，文中就西北教育的现状、教育的发展方向以及建立什么样的教育模式均有讨论，尤其针对西北民族地区教育提出了许多具有建设性的意见，而且在西北已经实施。同时，在西北开发的过程中，西北的教育得到了长足的发展。二是教育为西北开发培养人才。人们对西北开发的认识是这样的："谈到建设西北，真是经丝万端，问题异常的复杂，并且大部分都涉及专门的、技术的问题"①。同时，"西北的开发不是一件很容易的事情，非少数人所能做得到，所以除了使大家都知道开发西北的重要与方法是不成的"②。"盖开发之事业无穷，非少数人力所能办到，即有专家为之指导计划，而实际工作，尚需多数类似技佐之专门人才为之辅助"③。所以，西北开发是一个系统的、庞大的工程，其涉及门类很细化，因此需要的人才不仅是数量上的，更是专业化的。但是，对西北开发来说，"当有研究实用科学之专门人才为之指导，为之策划，方能循规而进，收起效果。"如何解决西北开发所需的人才问题，"惟有发展西北教育"④，而且还应该"在西北各地应多设研究实用科学之专门学校"，只有发展教育（包括专门学校）才可以"培植专门人才，以应实际工作之需要"⑤。所以，西北教育与西北开发的关系是相互的，西北开发推进了教育的发展，教育也为认识西北开发培养了人才，以促进西北开发更加深入。

其次，西北教育与西北民族的关系。前面我们提到西北教育落后的原因之一就是西北的民族众多，宗教信仰不一，民族语言复杂。如何改变这种影响教育发展的状况，只有从教育以及教育结构的设置上才能改变。一是在民族地区设汉语课程或学校。西北各民族语言不通，蒙古族、藏族以及青海的撒拉族等都使用自己的语言，无法沟通，故"各种学校，应一律无民族之分，惟须先设立汉语学校，或即附于各校内。凡回蒙藏各族子弟，言语不同者，在

①武　彝.建设西北的首要问题.西北研究，1941，4(6)：27

②张子清.开发西北中的教育问题.新西北创刊号(河南)，1933：9

③④⑤刘汝璠.开发西北之先决问题.新西北创刊号(上海)，1932：5

入校前均先入汉语学校，最少一年，然后入同一学校，受同等教育，如是，不特教育普及，汉语亦同时普及，各民族不仅平等教育，将来政治上社会上，俱可享平等之权利”①。同时设立汉语学校可以使各民族避免“如各设特殊学校，用各异之语言文字，不特教员教科书等种种困难，为经济人才所不许，且不免增加各民族之界限，使永无平等同化之权”②。从上面的论述中可以看出，在西北民族地区设汉语学校，不仅可以普及教育，使各族学生同时接受平等的教育，有了沟通交流的平台，消除了民族间的隔阂，而且实践着民族平等的权利，这也是西北教育在西北民族关系中所体现的价值，也是西北教育不遗余力努力实现的一个目标。二是，利用寺院等公共场所设立大众教育。这是指利用各民族宗教活动场所，如清真寺、佛院等处，设立博物馆，陈列本民族的物产和体现本民族特色的物品，以供其他民族参观，以达到交流和学习的目的；设立图书部，把图书杂志陈列起来，以供人们学习；设立民众教育，“教年长失学之男女读书识字，使得有生活上必须之智识技能”③，同时还设立讲演地，报纸阅览所等等，以达到交流和学习、“并与汉人及世界各民族生活比较以期改进”④的目的。三是，认识西北教育的特殊性，实施平等教育。西北教育要发展，就要为民族的平等发展创造必要的条件，所以开发西北就要以民族教育为先决条件。“盖今之所谓开发西北者，乃开导启发之意，换言之即以吾人为导师，使之共同发展，趋于一律平等之原则也。绝非哥伦布之觅寻新大陆，为野心家越俎代庖之意；亦非借开发之名，博得一官半职以获厚利之举。明了斯意，则边疆民众始不具疑虑之心，而开发之事易实现矣。反视则金山银矿虽多，旷地野产虽富，惟不能深入其境，徒叹奈何？此吾以为开发西北者，当以西北各民族教育为先决条件者也。苟不使各民族教育平等，智能平等，则一切平等之基础无由建立。不平则鸣，鸣必骚动，此历来边疆骚动之总因也。”⑤所以，西北的教育不仅承担着普及教育的责任，而且

---

①②③④马鹤天.开发西北之两大问题.新西北(上海)，1932，1(3、4合)：6

⑤马霄石.西北开发之先决问题.自序.再版.青海印刷局，1936：2

在民族地区还要发展和推广平等教育的理念，使西北各民族享受教育的平等机会，减少民族间因为语言和信仰的不同而产生的摩擦以及隔阂，同时各民族通过接受教育将为西北开发和西北社会的发展做出自己应有的贡献。

最后，西北教育与西北社会的关系。特殊的地理环境和经济特点，造就了西北为一个系统和完整的社会体系，所以西北的落后不是一个或几个方面的落后，而是社会整体的落后，包括经济、文化、习俗、观念、生活、教育等等。为了摆脱落后，必须对西北本身的各个方面有所认识，还要对全国和全世界有一清醒的了解，只有教育才能担当此重任，才是对症的良药。一是教育可以使西北人民知道西北的历史和现实。“西北过去之历史，确极为荣耀，非徒西北人可以自豪，即吾国学术文化为世界社会上最早六发源地之一，凡我国人，亦都常引以自骄。”[①]西北曾有辉煌的历史、灿烂的文化，但是随着历史的变迁，中国经济中心的南移，西北社会开始趋于落后，这是由各种综合因素造成的。“概自科学昌明之后，人力可夺天工者之事实亦不胜其枚举。我西北自然环境固处于落伍之区域，再加以百年来国家多故，外强侵凌，与国家当局无力顾及西陲，令其自然发展，而一般人士，亦积极于内地之争夺，莫之问津于西北，遂令我文化发源地之西北渐落人后矣，诚浩叹也。”[②]如何使西北发展起来，其方法就在于发展社会生产力，而“生产力的提高就要靠教育的现代化”[③]。“故吾们欲救中国之民生，惟有舍弃以前偏重贵族的、符号的、机械的教育，而从事贫民的、实用的、生产的教育。”[④]通过教育可以使西北人民比较历史与现实，增强自信心，也可以增强其改变现实的能力。二是

①康问之.由自然环境于国家与民族说到西北文化落后之原因. 新西北创刊号(上海)，1932:25

②康问之.由自然环境于国家与民族说到西北文化落后之原因. 新西北创刊号(上海)，1932:25～26

③田利军. 1930年代《中华教育界》关于“中国教育现代化问题”的讨论. 见：一九三〇年代的中国(下卷). 北京：社会科学文献出版社，2006，659

④杨卫玉.中国之民生与教育.中华教育界，1931，19(3)

移风易俗。在西北社会，由于文化习俗的原因，存在着封建迷信，“荒漠的西北村落里，男女目不识丁，虽祈祷禳灾，而疫病横行，现在西北竟然也有多少区域‘神权’占有着无上的威力，迷信神鬼，信任自然，信任宿命论，散漫、迟缓、不正确——这些病，只有教育才是惟一的对症良药，而教育尤必须注重科学的教育，不但西北在教育方面偏重于科学，就是在西北的政治、经济、生产、建设也要以科学的方法来推进，所以唯有科学的教育才能使西北进步，唯有科学的方法才能建设起西北来。”①教育可以使西北人认识到何为科学何为迷信，通过科学的方法努力提高文化水准，改变落后行为，建立科学积极的生活态度。三是发展边疆教育。西北为边陲之地，东北失陷后，西北边疆的危机引发了国人的思考和重视。“殊不知西北问题较东北问题尤为重要。以国防论，苏俄虎视眈眈，对于蒙古各地，经营不遗余力。新疆陕甘，亦时有被侵略之危险。最近中俄关系业已恢复，西北情势，似较缓和。苏俄之经济经营绝不因此而终止。”②“我西北在国防上虽如此重要，惜乎国人忽视，不施经营，边疆内地声息断绝，而俄人则以西伯利亚、西土两铁路包围蒙古、新疆，且支线纷出达我边境，一旦边疆有事，敌人朝发夕至，而我则非经年累月不能达，成败之算，无待蓍龟，于此吾人为捍卫国家计，不得不迅速建设西北国防也。”③建设西北国防，巩固边疆，需要改进并扩大边疆教育机构以培植边疆人才，以搜集资料，研究计划边疆的建设问题，以供政府参考。同时设置各种各级专科学校、师范学校和边政研究机关，“培养边疆人才，以供建设需要”④。这样，发展边政教育，可以培养边疆人才，建设边防，巩固国防，为西北边防建设做出积极的贡献。

通过对西北教育重要性的分析和讨论，西北教育对西北开发、西北民族

①拓国柱.西北建设问题研究.西北研究，1943，6(1):8

②郐次硕.开发西北之重要与前提.新西北创刊号(河南)，1933:1

③赵三纲.开发西北之重大性.新西北创刊号(河南)，1933:7

④马鹤天.抗战以来边疆施政纲要的检讨.西北研究，1943，6(1):6

教育的发展和西北社会的进步方面会起到积极的作用，在西北开发的呼声中西北的教育不仅得到全面的发展，而且教育所培养的人才对西北社会发展的推动作用也是很大的。

三、西北的教育及特点

民国时期，尤其是抗战时期，西北成为抗战的大后方，社会相对稳定，再加上大量的人才和高校的内迁，推动了西北教育在很多方面都有了突破性的发展。西北的初等教育、中等教育、高等教育以及职业教育和社会教育不仅在数量上，而且在规模和质量上都有了很大的发展。

(一)初等教育和中等教育

表 2　西北四省初等教育

省　别	小学校数	儿童数	教职员数
全国合计	277468	14432492	595241
陕　西	9145	302970	16101
甘　肃	2889	133214	5042
宁　夏	293	20528	573
青　海	612	26012	1056
合　计	12939	482724	22772
与全国百分比	4.7%	3.3%	3.8%

表 3　西北四省中等教育

省　别	中学生数	师范生数	职业生数	中等学校学生总数
全国合计	437049	84566	50205	571802
陕　西	4685	1198	610	6493
甘　肃	1658	1305	314	3277
宁　夏	267	84		351
青　海	593	327	126	1046
合　计	7203	2914	1050	11167
与全国百分比	1.6%	3.4%	2.1%	1.9%

关于初等教育和中等教育的统计是1935年的数字，①但是在统计的省份中，没有新疆，这就增添了些许缺憾。同时，抗战中有关西北教育综合比较的数据也没有发现，只能从1941年宁夏省的教育状况，观察西北教育的发展情况。1941年，宁夏有中小、国小共537所，教职员975人，学生35722人，并继续改良私立小学8所；中等教育在抗战时期建立的中学有中卫初级学校、惠农初级中学、女子简易师范学校、省立联合中学4所，共11所中学。②通过与1935年比较，宁夏的初级教育有了很大的发展，学校、学生和教职员都增加了不少。

(二)高等教育

抗战前西北的高校很少，抗战时期，国立北平大学、北平师范大学、北洋工学院联合成立了西安临时大学。1938年，教育部调整院系时，设置了国立西北工学院、西北农学院、西北大学、西北医学院和西北师范学校。陕西省也根据抗战和经济发展的需要，先后建立了省立医学专科学校、政治学院和西北音乐学院。此时，甘肃的高等教育也有了很大的发展，有兰州大学、西北医学院、西北师范学院(1940年由陕西城固迁到兰州)，“从而初步形成了甘肃高等教育体制的雏形”③。西北的高等教育由无到有，由少到多，是一个质的发展过程。

(三)职业教育

在抗战时期，针对战时和社会的需要，西北的职业教育发展很快。宁夏有初级职业传习所、初级实用职业学校、宁夏省助产职业学校和高级助产学校。甘肃有兰州高级护士助产职业学校，华亭陶瓷、武威硝皮、靖远纺织职业补习学校。到1946年，甘肃有公立和私立职业学校14所，有107个班，在校生3194人，“比1936年时增加4.6倍，累计毕业学生2651人，相当于抗战前

①陆殿扬.推进西北教育的根本计划.新西北月刊，1939，1(3)：10～11

②罗述灿.宁夏教育述概.西北研究，1942，5(4)：12

③魏永理主编.中国西北近代开发史.兰州：甘肃人民出版社，1993，520

近三十年毕业生总数的4倍"[1]。陕西有西北高级职业学校、西北高级机械职业学校等等,到1946年时,陕西有职业学校30所。抗战时期,西北职业学校的迅速发展是经济开发的产物,同时也是潜在生产力的培育基地之一,对西北社会、经济发展都产生了积极的作用。

(四)民族教育

西北各省针对本省的民族特点,开设民族教育。青海设立蒙藏学校,以针对"情形比较特殊,语言不同,成人识字教育很难推行,目前只能从儿童教育入手"[2],刚开始蒙藏学校招了王公千百户的子弟一百多人,但是其家长很不放心,青海省主席便办了一个蒙藏招待所,"凡不放心子弟上学的王公千百户们,尽可来省城,看着他们子弟的上学和生活,招待所供给宿膳"。招待所的一切都是免费的,想住多久就住多久,所以"到了现在,王公千百户对于送他们子弟上省城读书,都觉得很放心"[3]。甘肃于1939年起,开始扩展民族学校,"充实省垣各回民小学及皋兰等十所回藏小学,并于本年一月增设回藏初级小学四十所,共需经费48808元,除本省自筹8808元外,其余40000元由中央边教补助费项下拨给。"[4]同时,在西北,宗教团体和群众踊跃集资兴学是回族教育发展的一大特点,使回族教育发展很快。到1945年,青海设立了回民完小85所、初小245所,在校生为11407人;甘肃有私立兰州西北中学、知行中学、清水(张家川)新民中学和国立陇东(平凉)伊斯兰师范学校。

(五)社会教育

为了推广教育以及使更多的成人有更多的教育机会,西北利用很多的场所和机构,以政策的方式来推动和开展社会教育。如宁夏的社会教育方式和机构有省立图书馆、省立民众教育馆、省立通俗讲演所、宁夏图书研究社

①魏永理主编.中国西北近代开发史.兰州:甘肃人民出版社,1993,522

②③章云保.建设中的青海.西北研究,1939(25):9

④郑西谷.抗战中甘肃教育之设施.新西北月刊,1939,1(2):9

等10余处。甘肃和青海则利用宗教场所开通大众教育。在青海，其六大中心工作之一就是推广识字。这种推广识字是从各个方面推行的，“譬如壮丁训练，每天有半小时的识字教育。学龄儿童均需强迫入学，各乡村有露天讲台，或利用寺庙设立识字处”[①]，教识字的“大都有小学教师负责，每月由保甲长抽问考试。对于妇女教育则采用小先生制，即利用在校学童去教她们识字，不论年老年少，均需参加”[②]。所以在青海，“白发的老太婆，也在开始读书了。”[③]

西北教育发展的同时，也有其不和谐的一面，无论是民族教育、职业教育，还是社会教育，都有一些问题凸显出来，如在《西北教育的再检讨》中指出，藏族受教育的人特别少，藏族女生则更少，“女校白天都是常常地闭着校门的……我们请他（教员）引导着参观，这时里面的学生却已躲避了。但听得里面时而发出咯咯的不敢笑又耐忍不住的笑声。教员带我们去参观，可是我们进去，学生们又忙忙的向另一个教室躲开了，走了两三间都是如此的。”[④]这“深刻地反映出封建的意识还依旧存留在当地的社会上”[⑤]。西北的职业学校又如何呢，文中有一段论述：“十余年来，推行生产教育的结果很显然的还没有多大的成功。一方面是少数的职业学校全是马虎地维持着，另一方面则是广大的物产没有得到生产教育的实惠。”[⑥]至于西北的社会教育，则走形式的内容占很大的成分。

在西北开发的呼声中，西北教育的发展也是西北报刊关注的重点之一，他们从西北教育的现状看到发展西北教育的急迫性，以及西北教育在西北开发和抗战建国中所承担的责任。首先，通过对西北教育的关注，使西北的教育状况进入人们的视野，西北教育的现状令人担忧，发展和建设西北教育

①②③章云保.建设中的青海.西北研究，1939(25)：8

④张扬明.到西北来.1937，114

⑤李之璞.西北教育的再检讨.西北研究，1943，6(3)：16

⑥李之璞.西北教育的再检讨.西北研究，1943，6(3)：18

就成为西北开发的内容之一。其次,西北教育建立后,就根据战时需要和地方特色,培养了大量的人才,对西北开发和社会进步产生了积极的作用。但是由于人们的观念、师资和资金都与西北的社会发展程度一致,所以西北的教育还有很多需要提高和改进的方面,“即西北教育问题的解决, 应该从教育的一般性和特殊性上找出路”①。但是,西北报刊对西北教育的宣传、建设建议和存在的问题,都提出了一些具有建设性的意见,值得在以后的建设中借鉴。

第三节　西北报刊中对西北民族问题的认识

西北开发中面对的一个最主要的也最特殊的问题是西北的民族问题。西北开发的成功和现代化西北的建设都与民族问题有着直接和间接的关系。为了建设巩固西北的边防和发展西北的经济,必须处理好西北敏感而复杂的民族问题,以期其对巩固国防、抗战的胜利和西北开发顺利进行做出贡献。

一、西北的民族和民族问题

西北是多民族聚居的地区,由于特殊的地理环境和不同的宗教信仰,西北地区的文化异彩纷呈。同时,西北的民族关系呈现出复杂性与特殊性。新疆是号称“东方人种博览会”的省份,“有维吾尔、汉、回、蒙、哈萨克、阿尔克斯、满、锡伯、索伦、塔塔尔、乌兹别克塔尔其、塔吉克等十四个种族”。②青海有汉族、满族、蒙古族、土族等,宁夏有回族、汉族、满族和蒙古族。同时,西北民族的信仰也十分复杂,不同民族信仰同一宗教,如“汉、满、蒙、藏人之信仰回教而成为回族者,在新疆有汉回,在青海有蒙回、藏回,而汉人之信仰回教

①李之璞.西北教育的再检讨.西北研究,1943,6(3):18

②童蒙圣.西北的政治建设.新西北月刊,1939,1(3):5

者尤多，兄为回弟为汉也所在多有。”①

“西北各省聚汉满蒙回各族而居，语言歧义，礼俗相舛，族质各别，信仰庞杂，蒙藏回汉俱有，而汉人且最少。回汉回藏间隔阂误会时起，生命财产，动被巨大之牺牲。故民族问题，在青海尤甚而要。”②文化习俗的不同和历史积淀而成的误会与隔阂，使西北各民族间的冲突迭起。这些冲突又进一步加深了民族之间的矛盾和隔阂，形成一个恶性循环，使本来就敏感而脆弱的民族关系更为紧张。

除了不同文化习俗所造成的民族问题之外，还有历代政权的民族压迫政策以及愚民政策加剧了西北各民族之间的矛盾。“西北种族问题形成的第一个原因，为过去主政者，无论为汉为满为回，都不免受狭隘的无意识的自私观念所支配，对于其他各族，畛域之分甚严，处理纠纷或一般施政，每多歧视。”③由于民族压迫的政策和歧视观念的影响，西北各少数民族均遭受到统治者的压迫和剥削，统治者“对于所谓异族不是用怀柔的政策，就是大张挞伐，边疆问题始终抓不住核心”④，而这样的民族政策，只能进一步加深民族间的对立，并对政府和政治充满了敌视和不信任感。

无论是西北民族之间文化的差异造成的民族问题，还是历代统治者不良的民族政策所造成的民族之间的对立，都使西北的民族关系十分复杂。

西北的民族众多，民族关系复杂。为了西北开发和建设西北的顺利进行以及抗战的胜利，必须对西北的民族问题认识清楚，并且要针对民族问题制定相应的积极的民族政策。

二、对西北民族问题的认识和讨论

在开发和建设西北社会中，人们认识到西北的民族问题，在诸多问题

①④童蒙圣.西北的政治建设.新西北月刊，1939，1(3)：14

②马鹤天.建设青海与开发西北.新青海，1935，3(1)：9

③童蒙圣.西北的政治建设.新西北月刊，1939，1(3)：15

之中，是个最重要的问题，“也是保卫西北诸问题中之核心，对于这一问题，要予以重视，倘若对于这个最重要的问题而不能彻底解决，则其他一切问题，更难谈到”[①]，所以，西北民族问题解决的好坏与否，关系到西北开发其他建设，包括经济开发、政治建设、边疆保卫、发展教育以及抗战建国等一系列问题的顺利开展。对解决西北民族问题的重要性，本文从以下几点逐一论述。

（一）民族团结对维护国家统一的重要性

西北地处边陲，战略地位和国防地位十分重要。为了保卫边疆和维护祖国的统一，以及开发西北的顺利进行，必须对西北的民族问题及其原因有一个清楚的认识，这样才能对症下药，使西北的民族问题得到解决。首先，西北的民族问题。西北的民族问题主要有以下几种：一是西北各民族之间的矛盾。西北各少数民族都有自己的宗教信仰、语言和风俗习惯，由于没有沟通的统一语言以及历史上造成的隔阂与误会，使西北的民族问题十分严重，稍有不慎，就会演化为民族间的流血冲突。二是西北各少数民族与内地人民的矛盾。西北各少数民族与内地的联络少，缺少维系统一团结的情感。由于交通落后，西北各少数民族与内地人民的交往和沟通几乎没有，“甚至同在边地，同一种族，也因为这种天然的隔阂，而语言风俗生出各种差异。”[②]这就加深了边疆与内地的隔阂。这样，西北各少数民族对于国家概念或民族意识是很淡薄的。民国时期，尽管提倡五族共和，“而事实上回蒙藏各族之语言习尚、政制思想，与我国本部互相悬殊，且彼此向不往来。以致此种民族缺乏国家观念，而中国所需要之整个的民族意识也无由产生。”[③]“加之过去满清政府和民国初年一般军阀对于边地同胞着实漠视，并且采取消极的办法，禁止边地同胞和内地人民的接近，禁止两方文化的沟通，这样更直接的予列强以

①曾扩情.保卫西北诸问题.新西北月刊创刊号，1939:62

②马鹤天.中国少数民族问题与中国国民党政策.新西北月刊，1941，4(6):44

③邹次硕.开发西北之重要与前提.新西北创刊号(河南)，1933：1

侵略我们的机会。”[①]其次，对西北边疆危机的认识。“九一八”后，东北沦陷，国人认识到西北在边防上的重要性远远大于东北。“东北土地虽失，可是住在东北四省内的人们有百分之九十八是我们汉人，由此绝对多数的汉人生存在东北四省，等到中国实力充足，遇着相当时机，里应外合，不难恢复失土。但是，西北与东北迥然不相同。西北人民种族庞杂，汉人占绝少数，且与其他民族素无好感；一旦有事，外有英俄日的操纵，内有蒙藏回的牵掣，极难应付。纵能等到将来财富力强、交通便利的时候，恐怕亦不容易收复回来。所以为杜绝外人觊觎西北的野心，防患未然，应该赶快移民殖边，开发西北，巩固国防。”[②]“以国防论，苏俄虎视眈眈。对于蒙古各地，经营不遗余力，新疆陕甘，亦时有被侵略之危险”[③]。抗战时期，中俄关系稍有缓和，但“苏俄之经济经营绝不因此而中止。我国如不急起直追充实边防，巩固西北屏藩，则后患之深，不堪设想”[④]。所以，面对西北民族问题的复杂和西北边疆危机的严重，必须要恰当合理地处理好西北的民族关系，因为各民族人心向背与西北边疆的安全有着莫大的关系。同时，侵略者则利用西北的民族问题大做文章，欲把西北从中国分裂出去。面对侵略者挑拨离间的阴谋，国人必须有清醒的认识，否则，“外人利用此种情势，遂极尽其煽惑诱致之本能，以冀西北各省将来与中国本部分离。”[⑤]所以，一要团结西北各少数民族，宣传并灌输国家的概念，以巩固边疆并维护国家的统一。二要发展西北民族教育，提高各少数民族的文化水平，使他们能明了中华民族和中国境内的各个少数民族是休戚与共、共命运同呼吸的同胞，面对外敌的入侵，要一致对抗，才能获得真正的解放和自由。

---

①马鹤天.中国少数民族问题与中国国民党政策.新西北月刊，1941，4(6)：44

②李庆麐.屯垦青海与开发西北.新青海，1933(10)：165.见：刘进.抗战前开发西北思潮中的民族与宗教问题.甘肃社会科学，2002(5)：114

③④⑤邹次硕.开发西北之重要与前提.新西北创刊号(河南)，1933：1

(二)西北民族问题解决与否关系到抗战的胜利

从“九一八”后,日本就开始了鲸吞全中国的阴谋,所以全国人民都要负起抗击日本侵略者的责任。在抗战时期,西北成为抗战的大后方,“以后方的人力物力,增加前方的人力物力,捍御前方的敌人,即以保护后方的人力物力;并以后方的人力物力,资助沦陷区域的人民,使之确有发动游击战的力量,变敌人的后方为前方,使他不能顺利前进”①。西北的各少数民族要团结起来,一致抗日,以充实抗战的力量,支持长期抗战。因此,西北民族问题处理的好坏对抗战的胜利起着重要的作用。在抗战的特殊时期,“西北已临最严重的关头,保卫大西北,建设新西北,是西北民众所应共负的责任”②,西北各少数民族为了保卫家园,更应承担抗日的责任。首先,发挥西北民族信仰宗教的特点,增加抗战的力量。西北各民族都有其宗教信仰,要发挥各民族信仰宗教的积极方面,以利于抗战。西北各民族由于信仰宗教,所以具有以下优点:一是西北各民族由于严谨的宗教纪律,不至于荒淫堕落;由于严密的宗教组织,西北的教胞保存着团结的力量;由于神圣的宗教教条,西北的教胞养成服从守法的习惯。③西北各民族信仰宗教,这使得他们具有团结的潜质,也更具有统一的、共同行动的组织。如果运用得当,西北各民族就可以成为建设新西北和打击敌人的主力军,因此,“一方面应设法开导,一方面要奖进开明分子,从感情的协调,进入组织的统一,这是很可能的。”④二是西北各少数民族都信仰宗教,这使得他们的生活质朴并有节制,所以他们都有健康的体魄,有不可侮的气势。同时,西北环境苦寒,“吃苦耐劳,不怕艰辛,勇毅果敢,纯实诚朴的,是他们(西北人民)所具有的特质,也是打击敌人所应有的极低限度的条件”⑤。当然,西北民族信仰宗教,也有不利的一面,如在生

①邵力子.新西北须有抗战中锻炼出来.新西北月刊创刊号,1939:57

②董汝舟.战时西北建设之基本原则.新西北月刊,1939 ,1(3):20

③张聿飞.从西北的宗教说到新西北的建立.新西北月刊,1939,1(2):25

④张聿飞.从西北的宗教说到新西北的建立.新西北月刊,1939,1(2):26

⑤曾扩情.保卫西北诸问题.新西北月刊创刊号 ,1939:61

活习俗上与其他民族有隔膜，易于与其他民族发生误解，同时不易接受新事物而愈来愈与时代脱节。所以只有对西北的民族问题有深入的了解，才能找出解决的办法，化不利为有利。其次，对民族和种族的讨论。在抗战时期，人们针对西北民族问题进行了一系列的讨论，其中之一就是对民族和种族的讨论。论者指出，中国只有种族问题，而没有民族问题。“固然，从血统观点而论，我国只有一个伟大的中华民族，并无所谓民族问题”①，西北的民族问题只能称之为种族问题。从历史上来看，“所谓入据中原的外族，即今日的满、蒙、回、藏及其他各族，入据中原以后，均逐渐与汉族同化，今日没有纯粹的满洲人，而绥、察、宁、青各省汉化的蒙藏同胞，更占了极大的成分”②。中国的各个民族经过几千年的融合，成为了你中有我、我中有你的关系。所以从血缘的角度上看，西北各少数民族，均具有相同的血缘，“民族问题之不能发生，于此可见”③。但是种族问题还是会发生的，因为西北各个少数民族的语言、风俗习惯、生活、信仰和居住区域的不同，彼此之间易于产生矛盾和冲突，同时，历代的主政者不良的民族政策和歧视态度，也加剧了西北民族之间的隔阂。

关于种族与民族的讨论最多的是回教与回族的问题。在传播媒介的视阈中，西北的民族问题最严重的就是回汉民族间的问题。当时为了团结各民族的力量进行抗战，也为了化解回汉民族的矛盾和防止敌人利用民族矛盾来瓦解西北社会的阴谋，无论是回族还是非回族，他们对此问题都有所讨论和分析。他们指出，在中国只有回教而没有回族，只有回教问题而没有回族问题。从血缘上来说，在西北“汉、满、蒙、藏人之信仰回教而成为回族者”。同时，信仰回教者娶“汉、满、蒙、藏各族妇女者，更是多不胜数，在甘青宁三省已成一自然趋势”④。从风俗习惯和语言上来说，西北地处偏僻，回族的风俗习惯除了有“普通教胞所共有的生活习惯而外”，其他的则是“尚带

①童蒙圣.西北的政治建设.新西北月刊，1939，1(3)：14

②③④童蒙圣.西北的政治建设.新西北月刊，1939，1(3)：15

着浓厚的地方色彩”，如果西北交通发达，教育普及和文化水平提高，“一切特殊顽固的地方性，都可以不摧自破”[①]。因此，不能把地方上的特殊性归为回族的风俗习惯的特殊性。同时，回教的通行语言是汉语，阿文“对于中国回教，除了在宗教上发生效力而外，绝不能用他作谋生的工具，也非普遍的通行语言，当然不能认为是构成回族的要素”[②]。关于回族和回教的讨论很多，主要是为了防止日本侵略者利用民族问题来达到分化瓦解中国的目的。“‘九一八’以后，（日本）竟公然扶持傀儡，成立所谓‘满洲国’……现在又要扶持德逆，在组织什么蒙疆政府！甚至妄想诱惑我甘宁青各地的回教同胞在西北成立所谓‘回回国’。”[③]为了防止日本侵略者分化瓦解中国的阴谋，也为了增加抗战的力量和维护西北的统一，基于以上的认识，人们提出了民族和种族的讨论，也引发了回族和回教的讨论。下面的一段话是对以上讨论的原因的最好解释：“吾人应知今日之中国，只有回教而没有回族。假若硬要分崩离析，从中华民族里，解剖出一个回族，不但麻烦了自己，而是有益了敌人，成了一个操刀自割、授人以柄的笨伯，敌人也正希望我们这样干，以达成他们分割我中华民族团结的力量。在今日尚欲高唱大回族主义，则不啻做了敌人的回声虫，来进行自戕的工作。吾人对于这一点，应有根本之觉悟与惕戒。”[④]民族与种族问题的提出是缘于近代以来民族主义概念的变化，即原来的非我族类、其心必异的民族主义思想变成了世界的民族主义。在中国面临严重的民族危机之时，需要凝聚起全国人民的力量来抗击侵略者的入侵，并且要积极发展一个富强中国，必须要对这一民族主义的内涵进行放大。所以，在“九一八”之后之抗战时期，对西北民族和种族的分析或者提倡均出于当时中国社会的危机和西北社会民族复杂性这一特点。

①②④马次伯.回族与回教辨.新西北月刊，1940，3(3)：29

③马鹤天.中国少数民族问题与中国国民党政策.新西北月刊，1941，4(6)：44

三、建立新西北民族关系的途径

西北民族问题不仅是西北开发中必须要解决的最大的问题之一，也是关乎抗战胜利的主要因素之一。如何解决西北民族问题，使西北民族之间的误会与隔阂逐渐消除，并减少与内地的偏见和差距，是当时人们关注的焦点。

（一）发展西北的民族教育

西北民族复杂，各有其不同的宗教信仰和风俗习惯以及自己的语言。因此，在交通阻隔与语言不通的情况下，西北各民族之间的误会和矛盾很多，冲突不断，“西北民族庞杂，汉满蒙回，羌藏杂居，风俗信仰，既各差异，语言行动，亦多不同，平居毫无联络，有事自难团结”[①]。所以发展西北的教育，必须注意到其特殊性。首先，要统一语言文字。“语言文字是表现民族性最重要的因素，凡有共同的语言文字的民族，自有亲切的情感，一致的思想，共同的生活”[②]，所以，在西北的民族地区，所有的学龄儿童入校必须学习汉文，“对蒙回藏民，亦须以国语国文为必修课，俾彼此之间情意易于沟通”[③]。同时，还对教师提出了要求：“在西北各省蒙回藏民族间语文教育，尤应注重音、形、义三方面的结合。为教学便利计，教师应用能操国语之蒙民回民藏民，或用能操蒙回藏语文的汉人担任。”[④]这样可以有效地在民族地区进行教育，不仅可以减少因民族文化差异大而产生的民族问题，而且使各民族能在一起学习，有了平等接受教育的机会。其次，教学的内容还要与西北社会以及时代一致。要根据西北的经济结构和经济类型来发展职业教育，即农业和牧业教育，这样可以减少西北由于经济结构脆弱所产生的不利影响。西北各少数民族多从事牧业生产，发展职业教育，有利于其经济的发展。同时，根据西北各少数民族文化

①郭维屏.西北开发谭.新西北(上海)，1932，1(3、4合)：10

②陆殿扬.推进西北教育的根本计划.新西北月刊，1939，1(3)：12

③林 竞.对于西北应实行特殊教育案.开发西北协会第一届年会报告书.南京，1933，41.见：刘 进.抗战前开发西北思潮中的民族与宗教问题.甘肃社会科学，2002(5)：115

④陆殿扬.推进西北教育的根本计划.新西北月刊，1939，1(3)：13

差异大的特点，必须发展和推进近代教育，尊重各少数民族的风俗习惯和文化，“尊重各少数民族之固有特性，并益发扬之”。发展西北的民族教育，还要向西北少数民族灌输国家观念和树立起中华民族的意识，使其明了国内各民族同属于中华民族的意识和整个中华民族的意义，在西北开发和建设中以及在抗战时期发挥各少数民族积极的力量。最后，各少数民族利用集会的场所展览自己的历史实物和优秀成果，并与其他民族相互交流，减少误会。同时，在发展民族教育方面，政府应该发挥积极的督导作用，“对各民族一律实行五年强制义务教育”，同时，要求蒙藏人的寺庙的教长和千百户设立学校，喇嘛和俗人均须接受学校教育，否则不得为喇嘛；回教的清真寺也要设立学校，以便回族路远的儿童接受教育，并“由教育部设立西北教育委员会专负责进行一切与督导之则”①。

（二）实施平等的民族政策

前面谈到，西北民族问题的严重，是由于封建社会不平等的民族压迫政策、历史上主政者采取的偏袒政策引起民族之间误会所致。欲使西北的民族问题得到彻底的解决，必须要建立平等的民族政策，使各个民族在政治、经济、法律及社会的各方面有平等的机会。当时的学者马鹤天对西北的民族问题有深刻的认识，针对民族问族提出了很多见解。同时，通过对国民党的几次会议中关于边疆民族问题政策的解读，指出欲解决民族问题，应该从建立合理的民族政策着手。首先，民族平等的政策。三民主义中的民族主义，一方面是追求中华民族的解放，另一方面是要中国境内的各民族一律平等。这种平等，则是“对于各少数民族的政治、经济、文化、社会各方面应本着平等的原则求平等的发展，总期要达到平等的地位”②，但这种平等“不是平头的平等，是个人政治上立足点上的平等，亦即是说要有平等的机会”。其次，

①林　竞．对于西北应实行特殊教育案．开发西北协会第一届年会报告书．南京，1933，41．见：刘　进．抗战前开发西北思潮中的民族与宗教问题．甘肃社会科学，2002(5)：115

②马鹤天．抗战以来边疆施政纲要的检讨．西北研究，1943，6(1)：4

民族自决的观点。孙中山的建国大纲中第三条说，对于国内之弱小民族，政府当扶植之，使之能自觉自治。这就是说，通过政策的扶植，使之逐渐有自治能力。这种自治"既不是帝国主义诱惑欺骗的代治政策，也不是清政府的羁縻和愚民政策，也不是旧时思想的同化政策，完全是帮助他们，使能自己治理自己的事情"①。如何扶植各民族的自治能力，一是要发展民族教育，而"国家对于各族之教育，必须宽筹经济，确立预算"。二是改善各民族人民的生活。无论中央政府，还是地方政府都要关注少数民族的生活，改善他们的生活，"实为边民最需要者"②。国家对于边地人民的自决和自治政策不仅要从经费上给予大力的支持，还要在边疆地方政府及各级边政机关中尽量任用各民族地方人士为原则，优秀之士，应特予提拔，到中央参与党政，以收集思广益之效。其三，尊重各少数民族的风俗习惯和宗教信仰。在西北地区，尊重各少数民族的风俗习惯十分重要。"民国以还，五族久称平等，尤应对各教之个别习惯，特别尊重，以示汉人绝无蔑视他教之意，免致发生误会。"③同时对"边疆的宗教信仰与社会组织应当'尊重'，但必须尊重他的'优点'，不能像清政府利用其宗教信仰与社会组织，以束缚其思想，衰弱其身体，减少其团结力量"④，以上各点，均是论者注意到欲解决民族问题，必须制定合理的民族政策，并在政府的指导和扶植下实施。这样，平等的民族政策的实施是符合时代潮流的，也是进步的。民国时期，这一平等的民族政策实施的如何呢？在抗战时期，在西北并没有把这种平等的民族政策实施开来，因为"中国要求真正的自由平等，须努力完成国民革命。中国境内各民族要得到真正的统一和联合，亦必有待于这一次抗战的胜利"⑤。但民族平等的观念和政策通过西北开发的思潮逐渐进入西北社会，并被西北各少数民族所知。平等的民族

①④马鹤天.抗战以来边疆施政纲要的检讨.西北研究，1943，6(1)：4

②马鹤天.抗战以来边疆施政纲要的检讨.西北研究，1943，6(1)：5

③刘镇华.开发西北计划书.西北，南京：新亚细亚学会，1933，318.见：刘 进.抗战前开发西北思潮中的民族与宗教问题.甘肃社会科学，2002(5)：115

⑤马鹤天.中国少数民族问题与中国国民党政策.新西北月刊，1941，4(6)：48

政策符合时代的潮流，也是团结西北各少数民族巩固国防的有效政策，所以当时许多关注西北的有识之士均从不同角度进行论述，丰富了建设西北的民族理论和政策。

(三)西北的民族问题也是政治问题

除了国家制定平等的民族政策在西北民族地区切实实施以外，还要求西北地方政府在所推行的制度上，政治的廉洁、公正上以及官员的做派上，是否本着民族平等的原则处理民族问题，这也关系到西北民族问题的解决与否。即要从政治上重视民族问题，并从政治上解决民族问题。一要地方政治公正和廉洁，这样可以慢慢地消除民族间的误会，地方的政治也就逐步走上正轨。所以，“地方的执政者能一本大公，以身作则，不口是心非。言不顾行，人民间能平安相处，互信而且共信，国内各种族间不必有的意识已经消失了，西北的种族问题也就不会发生。”①二要地方政府发展西北地区的经济，改善西北各民族的生活。只要人民的生活有了很大改善，则西北地方政治就会进步的。所以，“要使人民生活安定，非有鲜明的政治与为人民生活而建设的不为功，贪污的政府决不能产生贤明的政治”②。三要健全西北的政治。由于“无健全的政治，即无健全的社会；无健全的社会，也产生不出健全的政治”③。所以，要从各个方面，如发展教育，发展经济和注重民意等方面都要有所作为，这样才能逐步健全西北的政治，西北的民族问题也就会慢慢地得到解决。尤其要注意西北各民族的民意在政治中的作用，因为“西北过去或者尽没有人注意舆论，当然也没有民意，所以政治的好坏，社会上所引起的反应只是个人的，永久生不出力量，这也与政治不上轨道有关……我希望西北各省参政会成立之后，能表现一种法定的民意，使主政者多少有采纳民意的机会”④。

民国时期，西北民族问题的严重性是时人所共同认知的。所以，认识与

①②童蒙圣.西北的政治建设.新西北月刊，1939，1(3):16

③④童蒙圣.西北的政治建设.新西北月刊，1939，1(3):19

解决西北民族问题是西北开发中必须面对的一个重要难题。如果西北的民族问题不能解决,西北的边疆将面临着巨大的危险。同时,西北的民族问题也关系到西北开发的顺利推进与抗战的胜利与否。论者认为,“开发西北,须得联合西北境内的各种民族,共同努力,方能收效。若是只顾汉人的利益,不顾其他种族的生活,而用势力强迫的去开发西北,非但不能收到预期的效果,反而要激起变故。”[①]同时,日本一直利用民族问题来分化瓦解中国,所以针对西北各少数民族对抗战的讨论非常之多,而种族与民族的讨论就是让西北各少数民族认识到作为中华民族中的一员,“都应该共同致力抗日战争,将来才有自由的希望”[②],以粉碎日本侵略者的阴谋。对于如何解决西北民族问题,人们积极建言献策,一要发展民族教育,提高各民族的民智;二要建立平等的民族政策,使各民族在各个方面平等;三要发展地方的政治,作风公正廉洁的政府,才能够使西北的民族问题逐步得到解决,民族间的关系得到改善。

第四节 西北文化与西北人民的性格

民国时期西北被视为文化落后,东南地区视西北为荒蛮之地。但西北是中华民族文化的发祥地,中国的文化也是由西北而东南。在西北开发和建设中,发扬西北固有文化和重建西北的文化对西北地区乃至全国都具有重要意义。

一、西北文化及其落后的原因

文化是一个民族生活的结晶,也可以说人类的一切生产和生活活动,都是以文化为起点,以文化为目的。西北是中华民族文化的发祥地,曾经有过辉煌的历史。“凡文化最初必依河流而起”,“中华文化则发祥于黄河流域殷

①李庆麐.屯垦青海与开发西北.新青海,1933(10):168.见:刘 进.抗战前开发西北思潮中的民族与宗教问题.甘肃社会科学,2002(5):114

②马鹤天.中国少数民族问题与中国国民党政策.新西北月刊,1941,4(6):48

商以前，传说中的五帝时代”[①]。所以，黄河流域，也是中华民族文化发起之地，“故西北诸省实为羲轩故里，文化源泉”[②]。这一时期的资料少，“迄今尚为史家聚讼之点，姑不置论”。但自从“至信史上断自殷代起的殷商文化以及集古文化之大成的周文化，一产生于中原，一起源于关中，已成定论确切不移。而所谓关中文化即西北文化，自西周起，历经秦汉，至李唐止，中国文化始终以西北为中心”[③]。这一时期，西北的文化也就是中国的文化。其在中国历史上的贡献有以下几点。一是周的礼乐。周公所制的礼乐，“这是古代宗教文化的最高表现，也是礼乐之教的最显赫的成就”。这一文化对后来中国主要文化之一的儒家文化产生了很大的影响，“近人论儒有认为古代儒家的起源，即出于礼教，其职业就是治丧相礼，儒与礼有不可分割之密切关系。”[④]二是秦帝国。秦是中国历史上“为继往开来的一大分水岭”，虽然时间很短，但多为创制，“一方面极端发挥中央集权及君主专制独裁，一方面则发挥大统一之精神，由于此统一，则神州四分五裂，一盘散沙，此后二千年单一的民族文化绝不会发生”，“尤以万里长城与统一文字对文化最大”。秦的统一以及许多新的创制，“实为西北文化最伟大的象征之一。”[⑤]三是汉之拓土。汉朝对中国民族文化之最大贡献为土地的开拓，这种开拓不仅赖于军事外交，也依赖于文化。在汉代，不仅通过军事扩张了领土，而且张骞、班超通西域“影响中西文化沟通极大。当时大月氏、大宛等地，已为帕德利亚之希腊人所蔓延，当地若干堂塔建筑及佛像雕刻，即出于希腊工匠之手，一时造型艺术大为发达，此即美术史上所谓犍陀罗艺术”[⑥]。在这一时期，东西文化有了大量的沟通和交流，丰富了中国文化，此为西北文化又一贡献也。四是唐的艺术。唐朝不仅是中国最为强大的一个朝代，也是中国艺术和文化的黄金时代。唐朝在

①③蒲　宁.论西北文化.西北研究，1943，6(5、6合)：17

②郭维屏.新西北创刊词.新西北创刊号，1932：1

④⑤蒲　宁.论西北文化.西北研究，1943，6(5、6合)：18

⑥蒲　宁.论西北文化.西北研究，1943，6(5、6合)：20~21

吸收了大量的外来优秀文化之后，经过融合锤炼，创造出了辉煌灿烂独特的文化，并远播他国，产生了极大的影响。“唐代艺术，辉煌灿烂，昭如日显，在世界文化上占极一独特的地位”，“复经两晋南北朝与异域文明之沟通融贯至唐始开花结蒂，奇葩怒发放一异彩，而完成一种独特的类型，登峰造极地表现出中国民族精神，所谓唐文化其特征即绚丽的艺术色彩，就文化类型言，其最高之境界即为艺术的境界”[①]。

从以上四点观之，发源并成长于西北的中国文化，对中华民族的性格产生了重要的影响。其主要精神体现在以下四个方面：“即淳朴（周的礼乐），强力（秦帝国），冒险（汉之扩土），超脱（唐艺术），过去以西北为中心之各朝，所以继绝世成大业，绥靖万邦，胥赖于此四种精神”[②]。在这种文化和精神的熏陶之下，中华民族的性格亦保持着淳朴、强力和超脱的一面。西北的民众在这一块地域范围内独特文化熏陶下，保留了传统文化之中的优良特质。由于西北地区没有受到其他外来文化的影响而把这些文化和性格特征保留了下来。所以，恢复和发展西北的文化关系到国家的富强。“就是凡具有西北文化精神之朝代，则对外族抗争的力量最强，也会成功。凡是具有东南文化精神之朝代，则对外族的抗争力量最弱也最失败。”[③]

西北的地位和文化曾达到了最高水平。但是，后来海运发达，西北曾经的辉煌，“惟时代不停之变迁，一切不断前进，我西北徒以‘沧海桑田’，其自然环境趋向于落后之形态，致时间不停留而过往，西北文化落后之陈迹，亦明示于吾人眼睑，更倘而遭人之讥诮，追古抚今，诚不自依依戚戚有今昔之感也。”[④]到了民国时期，“东南沿海诸省，尤其是诸大都市已走上资本主义之路向，回视西北半壁，却还在中世纪封建社会经济圈中”[⑤]。西北的文化落后

①蒲 宁.论西北文化.西北研究，1943，6(5、6合)：21

②③蒲 宁.论西北文化.西北研究，1943，6(5、6合)：23

④康问之.由自然环境于国家与民族说到西北文化落后之原因.新西北创刊号（上海），1932：25

⑤商洪若.建设西北之路.新西北（上海），1932，1(3、4合)：12

了，造成西北文化落后的原因有以下几方面。

首先，从自然环境来说，西北的地理环境十分复杂，交通梗塞，这就使西北与外面缺乏联系和沟通，致使近代先进的文化和技术无法传播到西北，影响西北社会的发展和文化的进步。西北“实为万山从杂，于此情况中其图文化之发展诚至难矣”①。而对西北各地的民众来说，他们的生活仍然停留在古老的耕作模式和文化模式中。再加上西北的气候十分严酷，雨水稀少，旱灾频发，西北人民“日谋生命之保护，抵抗自然而不足，焉有余暇图谋文化之发展哉？”②

其次，从历代政府对西北采取的漠视态度来看，西北在历史上被统治者视为边僻之地，荒蛮之地，采取愚民政策。其目的就是为了边防的安全，防止西北各民族的变乱，所以不注重西北的教育和文化的发展。“近代以来，国家多故，外强侵凌，与国家当局无力顾及西陲，令其自然发展，而一般人士，亦积极于内地之争夺，莫之问津于西北，遂令我文化发源地之西北渐落人后矣，诚浩叹也。”③同时，西北地区民族众多，语言不通，风俗习惯不一，文化发展参差不齐，这也是影响西北文化发展的一个主要原因。

最后，西北文化的落后，还在于“海运畅行，中外文化胥视轮船以沟通，汉唐时代经由天山南北路以通欧洲之驼马大道，遂不复有人问津”④。由于商贸大道不在，“我中华民族孕育成长之西北高原，反被视为荒丘废墟，被视为偏僻不毛”⑤。西北之地，国人认为环境恶劣，气候严寒，不适宜生活而不愿去开发和建设；对到外地求学接受近代文化的西北人来说，回到故乡后，“见其

①康问之.由自然环境于国家与民族说到西北文化落后之原因.新西北创刊号(上海)，1932:27

②康问之.由自然环境于国家与民族说到西北文化落后之原因.新西北创刊号(上海)，1932:28

③康问之.由自然环境于国家与民族说到西北文化落后之原因.新西北创刊号(上海)，1932:26

④⑤边理庭.论西北文化之改造.新西北月刊，1945，8(1、2、3合):3

父兄蓬头垢面，见其田园之荆棘弥漫，遂嗒焉以为故乡景物无足留恋，掉头不顾而重寓于都市。西北文化之式微枯萎者，原因盖由于此。”①

尽管西北是中华民族文化的发源地，但是到了近代却远远落在了后面。在西北开发中，国人认识到开发和建设西北还要发展西北的文化，这关系到西北社会发展的整体性和西北走向现代化的重要性。

> 我国西北各省，是民族文化的发祥地，惟因地理环境恶劣，经济条件欠缺，遂使近世以来，文化水准日益降低，影响西北整个社会之进步实非浅鲜。至蒙回藏各种族间之文化，皆因固执保守，亦未有显著之进步，这在我国文化领域上，不能不视为一种特殊现象。我们应知道，文化是一个民族生活的结晶，也可以说人类的一切活动，都是以文化为起点，以文化为目的，从起点到目的之过程，都系以文化为手段。它具有整个性，同时也是有机体。所以，生存在一个国家的领土内的人民，其所有文化，使不能有高下之分，各部分都应配合得很适当，很均匀，去为全体的生存而发展。假若高下不齐，优劣不等，便一定会发生矛盾。正如人的五官四肢和心脏一样，哪一部分可以缺少？哪一部分可以增多？各部分都在整体(全身)的适当均匀支配之下，为生存而不断的努力。所以文化的生命不可中断，文化的整体不可脱节，若中断或脱节，民族的生命便有遭灭亡的危险。②

同时，发展西北文化与西北开发是相互促进的关系，因为，西北的“典章文物，名胜古迹，随处皆是，各民族之贡献，各宗教之主张，均为推进东南文化之动力。故欲研究吾国固有之文化，保持精神之遗传，非积极开发西北不可”。如果不开发西北，则西北人贫知识低，“人祸一至，只知入山逃避，而不能作有组织之预防与抵抗。天灾若来，则求神拜佛，徒唤奈何。以故整个的西

①边理庭.论西北文化之改造.新西北月刊，1945，8(1、2、3合)：3～4

②怎样提高西北各省的文化水准.西北论衡，1941，9(3)

北民族遂屈服于大自然及军阀官僚暴力支配之下。今后若不积极开发西北，使文化输入便利，提高民众知识，将何以运用四权实现民治，以抵抗暴力，征服自然乎？”①

到了抗战时期，西北的地位十分重要，恢复和发展西北的文化不仅关系到中华民族的生死存亡，也关系到中国以后的发展和繁荣。“我民族此次抗战，为历史上之空前大业，我们战争的目的，不仅是驱逐日寇，恢复固有的独立自由，还要建立一个理想的幸福的新中国，发扬中国伟大的传统文化，使之远播各国，以有助于世界新秩序之建立。”②所以，对西北文化的恢复和发展也是西北开发和建设的主要内容之一。

二、恢复和发展西北的文化

发展西北文化，应从恢复西北文化和建设西北文化两者着手。所谓恢复西北文化，就是恢复西北昔日文化的辉煌，以重建西北灿烂的文化和文明。“首应就先人遗留之文物而恢复，使返旧观，借唤起吾民族之自尊心，使知旧日光荣之缔造，依然存在，今后努力，在如何迎头赶上，亦民族复兴之义也。”③建设西北文化，指的是“依一定计划，使此荒凉之境、落后之区，于短期间，将文化提高与全国步趋一致；于是无边疆内地之分，立足于世界，共进于文明，此所谓迎头赶上也。居今而谈西北文化之建设，必循此‘两标’始克顺利以底于成”④。如何恢复和建设西北文化应从以下几点入手。

首先，促进西北文化发展的诸方面。

(一)发展教育

教育与文化的关系是相互的。西北的教育落后，文化也必然落后；相反，西北文化落后，教育也是落后的，两者相互作用和影响。教育为百年大计，要

①郭维屏.开发西北谭.新西北创刊号(上海)，1932，1(3、4合)：10

②蒲　宁.论西北文化.西北研究，1943，6(5、6合)：24

③杜学知.西北文化建设刍议.新西北月刊，1944，7(4)：31～32

④杜学知.西北文化建设刍议.新西北月刊，1944，7(4)：32

使西北的教育在短时期内普及，必有赖于政府的力量，推动教育的发展并使西北的教育普及。一方面要设立专科学校，并随时培养专业人才。所谓随时培养人才是指，“况凡百建设，情况随时不同，计划因势而异；人定胜天，事以人成，故必有兴建设计划相配合之人才”。西北所设立的专科学校应“视建设所需人才，随时培植，长或数载，短则期年，因时制宜，与需用密切配合，既不感于缺乏，亦不失过剩”。同时，西北的教育要立足于西北，要培养西北的优秀人才，使他们“学成也就，以西北人用于西北，既开发西北之民智，亦服务于桑梓，环境谙习，收事半功倍之效也”[①]。另一方面，须力行国语教育。国语教育在西北的推行具有重要的意义。因为西北地区民族众多，语言不通，彼此交流沟通不畅，造成民族关系的复杂。“推动国语教育，期趋语言统一，此亦国家之要政也”。为了使各民族学习国语，就要根据西北特殊的情况制订教学计划，“如此民众习国语不感困难，而通其固有文字者，亦可吸收时代智识，诚过渡期间一良法也。”[②]有了共同的语言，可以减少民族间的误会和隔阂，化解民族间的矛盾和问题。教育跟上去了，人民的知识提高了，西北的文化也就会发展起来。

（二）表彰乡贤和保护名胜古迹

西北地区，曾多有乡贤，他们“屏居乡阪洁身自好，或著书立说，或化成美俗，其影响地方者甚大，然无人为之表扬，遂令湮没无闻，实属可惜，凡此人物或功在国家，或嘉惠地方，要皆人望所归，贤德人士也”。所以，要发展西北的文化，就要访问古老，并对地方的乡贤予以表彰，“使后来者知所景仰，并从而复其自尊心，知西北大好地方，才智非所后也，特以晚近教育不振，民生凋敝，遂形成荒漠之象耳，而后志士知所努力，期有成功，其影响于社会者为何如乎。”[③]同时，西北在历史上创造了灿烂的文化，拥有许多名胜古迹。如

---

①杜学知.西北文化建设刍议.新西北月刊，1944，7（4）：32

②杜学知.西北文化建设刍议.新西北月刊，1944，7（4）：33

③杜学知.西北文化建设刍议.新西北月刊，1944，7（4）：34

秦的长城，敦煌石窟的雕塑、绘画、写经，均为宝贵的文化遗产。这些文物古迹“皆应修缮保护，以留此可贵之物，为后来者作追远之思也”，“使来西北者，睹先代遗迹，如游子之回故乡，分外亲切，是以西北之民族家园，可以温慰其一世勤苦也。”①

（三）编修西北方志

方志是记载地方历史和地方地理的、融历史与地志的书籍。其可以“括四方古今而无遗，得地方详明之记载矣”。编修地方志书，一方面可以了解地方上的一切，如历史、地质、山势、水文、社会、文化以及经济诸多方面。这样可以为地方的发展提供基本的素材。另一方面，其资料具有真实性和科学性，为西北开发提供借鉴，“今之一切学术研究与施政设教，乃至经商企业皆资之，年鉴必发动于地方，而后综合于全国，参加于世界，则繁简详略，皆能不失其正确性。”②同时，也可以作为教学资料，让人们了解当地的风俗习惯、文化异同，以达到相互学习和尊重。对于外来者来说，志书是了解当地最佳的窗口。

（四）编印西北文化丛书和设立西北文化学院

编印西北文化丛书就是把有关西北各个方面游记、志书和其他方面的书籍进行著述，作为了解和研究西北的素材。这样可以引起漠视西北的人员注意西北，发展西北。这些丛书不仅是西北地方的宝贵文献，而且也是建设西北文化的主要内容之一。设立文化学院。“文化之事，经纬万端此，亦必有一事以摄之，此即设立‘西北文化学院’是也”③。西北文化学院的重要在于通过教育，培养人才并以文化研究为重点。所以西北文化建设，包括发展教育、表彰乡贤、保护名胜古迹以及培养西北文化研究的人员等有关发展西北文化的各个方面都通过西北文化学院来进行。

恢复和建设西北的文化要从以上几点同时努力着手，这样西北的文化就会发展起来。西北文化的发展要重视创造性，就是利用近代的科学知识，

①杜学知.西北文化建设刍议.新西北月刊，1944，7(4)：34

②杜学知.西北文化建设刍议.新西北月刊，1944，7(4)：35

③杜学知.西北文化建设刍议.新西北月刊，1944，7(4)：36

发展西北文化。

其次,发扬西北人民的性格特征以促进西北文化的发展。西北有过辉煌灿烂的文化,西北地区各民族久受熏陶,并形成了自己独特的文化和民族性格。通过发展西北的文化和发扬西北民族的性格优点,促进西北社会的进步和发展。西北地区人民性格有以下诸端。

(一)身体刚健雄伟

只有健康的体魄,才能承担发展西北社会和文化的责任。自近代以来,东南地区的人民由于受西洋文化的影响,生活奢华,身体孱弱。而西北人民身体健康,在国难时期可以抗击敌人,并在发展中国文化中承担起责任来。

(二)性格坦率勇敢

西北人民的这种勇敢和不屈不挠的精神既是西北文化的表现,又是中国人应当努力发扬的。

(三)胸襟恢廓大度

西北人"不拘于小节,不滞于细微,是以有博大无外民胞物与之遗风,应世接物常向大处着眼,不在小处推敲"①。有这种识大体的遗风,西北社会和文化自会发展。

(四)情感诚实笃厚

西北之地虽偏僻落后,但西北人民诚实笃厚,保持此"美德于不坠者,尤赖于我西北之同胞"。这一美德保留下来,也是西北文化保留了下来。

同时,西北人民的性格中也有其缺点,如保守、脆弱和不灵活等等。只有对西北人民的性格有了清楚的认识,才能扬长补短,在发展西北文化的同时,也使西北人民的性格有所变化。在抗战时期,尤其要检讨西北人民的性格中的不足,本着"民族利益、国家利益的立场上,要保持着民族至上、国家至上的观念"②。这样才能在文化落后、人才稀少的西北积极地建设和发展文

①边理庭.论西北文化之改造.新西北月刊,1945,8(1、2、3合):5

②王德崇.西北人民品质特性之检讨.西北研究,1942,5(8):3

化与生产，也才能延续西北的光荣历史和中华民族的光荣历史。

抗战时期，西北人民要担负起建设西北的艰巨工作，西北不保，整个中国民族亦将与之偕亡。保卫大西北，建设新西北就要保持并发扬西北民族性格中的勇敢、质朴以及其他方面的优点，克服不利于团结与保守的缺点。为了发展西北的文化，就要把西北人民性格中的一些优点加以发扬，一些缺点加以改进。一方面，西北民众“本较散漫，对内便不能摧毁封建势力，对外便不能抵御外国侵略”[①]。所以，政府就要发展教育，宣传三民主义思想和进步文化，树立团结一致的精神，创建人民的组织，以训练西北民众，使其具有团结之心。另一方面，西北人民由于以前对政治不热衷，所以缺乏国家观念，这样容易被敌人所利用，所以要开导人民的思想，使他们树立起国族的观念，“灌输民众爱国的思想，是今后训练西北民众的第一件大事”[②]。“西北本为我民族的摇篮地，炎黄胄裔发祥于此，华夏文化孕育于此，周秦汉唐武功彪炳于此，今日西北同胞质朴坚韧之性，亲上死长之风，尤卓然如岁寒松柏。抗战以来，各民族之精诚团结，各领袖之表率倡导，以及一般民众之踊跃效命，缮边防，从军旅，出财力，助运输，各能尽其责任，已使敌人挑拨离间之阴谋、乘虚而入之迷梦，无所得逞。”[③]

西北民众性格中体现着西北的文化及其特征。恢复和建设西北文化就要对西北的文化有深入的了解。要发扬西北人民性格中积极的方面，并使其在西北开发和建设时期做出积极的贡献。对不利的方面，就要变其为有利，使西北的社会和文化都有质的变化。

最后，在发展西北文化时要融入近代科学的因素。对西北文化的恢复和发展，就是对传统文化的发展和超越。但是到了近代，要发展西北文化就要把进步的科学的观念融入到文化之中，这样西北的文化才能发展，才能与时代与社会的发展一致。一则近代的文化和文明并没有传入西北，西北人民也

---

①②董汝舟.战时西北建设之基本原则.新西北月刊，1939，1(3)：20

③邵力子.新西北须由抗战中锻炼出来.新西北月刊创刊号，1939：58

没有享受到近代先进的物质文化和精神文化带给他们的好处。所以,发展西北文化要用科学的方法有计划地推进。“西北的文化程度,稍逊于东南,然若国家当局苟对西北‘一视同仁’,而用科学方法,开发其富源,我西北人亦急起直追,图新的发展,必不至如现今之情况,而或进为亚洲之中心地,亦未始非可能。”①二则发展西北的文化应该以兰州为中心。西北五省,发展文化“必择一中心地为建设之基础,以期辐射性之发展,始克有效”。而这一最佳的中心就是兰州。“盖兰州为全国经纬之中心,将来边疆开发,东西不偏重,南北无轩轾”,“故西北建设,更应由此发动,四方辐射,以达全境;是故经营兰州,之所以经营西北,并为他日国都作基础也。”②西北的文化学院以及文化教育中心设在兰州,“既收人才设备集中之效,亦可就近吸收大量西北优秀青年”③,使他们学有所成,服务于西北。三则发展西北文化要科学地有计划地推进。发展西北文化就要把科学的观念融入到西北文化之中,使其成为一个整体。如在西北文化中融入平等、科学、效率等进步的思想和观念,并在实践中努力实施。发展西北文化“要以科学思想之训练,更进而为科学技术之运用,西北文化之提高定有不可以限量者”④。同时,发展西北文化还要有计划地推进,如各个学科的分类,人才的培养,“一如现代学术之分科,若自然科学,则有气象学、地质系、生物学,他如工程农医等等;社会科学,则有地理学、历史学、语文学,他如政治、经济、教育等等。”⑤在近代教育分科里,可以使西北的文化适应西北社会的需要,科学地发展。

三、西北文化发展的目标和意义

文化的发展是服务于社会的。近代以来,中国在列强的步步威逼之下而

①康问之.由自然环境于国家与民族说到西北文化落后之原因.新西北创刊号(上海),1932:29

②杜学知.西北文化建设刍议.新西北月刊,1944,7(4):31

③杜学知.西北文化建设刍议.新西北月刊,1944,7(4):32

④边理庭.论西北文化之改造.新西北月刊,1945,8(1、2、3合):6

⑤杜学知.西北文化建设刍议.新西北月刊,1944,7(4):37

被迫走上现代化的道路,也被纳入到资本主义发展的体系之中。为了富强和发展,中国人从各个发面寻求改变中国落后的办法。这一时期对中国文化的讨论也成为人们关注的焦点,即通过发展中国文化以解决中华民族的危机并使中国走向富强。在西北开发和建设中,对西北文化的讨论都是从西北文化对抗战的积极作用以及西北的发展而展开的。"近代国力的战争,不是单纯的武力战争,其主要的还是文化的力量,一国的胜败,不只是看他兵力的强弱,而是要看他国内文化水准的高下。"①中国的知识分子希望通过文化和思想这一途径来挽救中华民族的危机,"那就是要振兴腐败没落的中国,只能从彻底转变中国人的世界观和完全重建中国人的思想意识着手。如果没有能适应现代化的世界观和新的思想意识,以前所实行的全部改革终将徒劳无益,无济于事。"②

西北社会落后,西北文化也就落后;要使西北的社会发展,就要先发展西北的文化。西北的文化发展起来了,西北社会的落后就会改变,也能适应时代发展的要求。发展西北文化必须要有科学的精神,"这种科学就正是我们所说的文化的主要部分",所以说,"国力基于文化,其理由即在此"③。尤其在抗战前后,西北作为抗战建国的根据地,地位变得十分重要。所以,发展西北的文化就更为急迫和重要。发展西北文化要有的放矢,要有目标。

(一)西北文化国策化

恢复和建设西北文化,要在国家的支持和人民的参与之下,才能有大的进步,也才能培养出健全的公民和良好的社会风气。发展西北的文化就要使其成为国策,现在西北的文化教育,"应该配合时代的需要,陶冶勇敢朴实的西北民众,以期养成国家的忠勇战士,一面抗战,一面建国,以建国充实抗战的力量,以抗战保障建国的成功。我们建设西北文化,应与推行社教之目的一

①③怎样提高西北各省的文化水准.西北论衡,1941,9(3):21

②[美]林毓生.中国意识的危机——五四时期激烈的反传统主义.穆善培译.贵阳:贵州人民出版社,1986,43

致，求发展社会文化，陶冶忠勇战士，以适应抗战建国的国策。”①

（二）西北文化国防化

“九一八”后，西北在国防上的地位十分重要，为了巩固和建设西北的国防，发展西北的文化就要有国防内容。西北边疆的少数民族教育和文化“都要以抗战为第一，民族生存为第一，牺牲小我，以保全民族国家之生存”。民族不存在，个人的利益有何可言。国防上的紧急现状和要求，“在乎各种族间精诚团结，培养民族意识，增强抗战知识，坚定抗战意志，训练抗战技能。”②所以，发展西北文化，就要突出国防方面的因素。

（三）西北文化大众化

近代以来，由于大众传播媒介的推动和宣传，中国的文化已经世俗化、大众化和平民化。所谓文化的世俗化和大众化，就是指广大民众“态度发生变化的一种过程”，其变化是朝着市民的思维方式、语言习惯的方向演进。西北社会文化的大众化“将严重地破坏了那种把文化价值观稳妥地传递给新一代的传统模式”③，可以使西北的文化得到普及，并整体提高西北人民的文化知识。“西北各省的扫除文盲运动、普及民教运动、推动科学运动，提倡科学教育，实为西北文化大众化的起点，亦即新的启蒙运动。这个文化运动的唯一任务，是在普及新知识、新思想，发扬理性，精诚团结，批判过去的文化运动，革新现在的文化运动。”④

（四）西北文化的精神化

人类社会文化的建设，既有物质的，也有精神的。虽然物质文化建设在西北十分重要，“但精神文化建设，尤为一切建设之基本……确立精神信念，使新疆、蒙古、青海、宁夏等省的文化潮流，有所遵循，有所感应，然后才能从文化复兴之基地中，产生出灿烂光华的新文化来。”⑤

①②④⑤怎样提高西北各省的文化水准.西北论衡，1941，9（3）：22

③［美］加布里埃尔·A.阿尔蒙德等.比较政治学——体系过程和政策.曹沛霖等译.上海译文出版社，1987，122

恢复和建设西北的文化，还要对西北的文化做一检讨。西北曾有光荣灿烂的文化，对传统的文化，应“认识我民族固有文化的伟大性和优美性，确实振奋，力图恢复，以三民主义为建设文化的中心，力求发扬光大，改造国民的心理，转移社会的风气，把握固有的精神道德。接受西洋的物质文明，创造以我们自己为本位的民族新文化”。

同时，发展西北文化应以三民主义为指导、为归宿，“三者分别契结着近代国人所追求的人权、民权和国权，而其质底围绕着当时社会主义思潮首肯的‘平等’价值展开”①。恢复和发展西北文化，首倡三民主义，具有发展西北的经济和改善西北人民生活的作用；在于凝聚民族的力量，用科学的方法和精神，挽救西北民族的危机；也能巩固固有的文化，发展新的进步的文化。“三民主义文化建设的初步工作，在于改善人民的衣食住行，我们应了解三民主义的文化，首先要在人民基本生活上表现出来。西北人民的生活，既然极为困苦，那么，这种工作，便尤其重要……建设西北的新兴文化，应以三民主义为鹄的，以三民主义为手段，以三民主义为归宿。而三民主义的文化建设，先应从改善人民的生活上着手，人民的生活，有不合理的地方，即应予以彻底的改善，务使衣食住行，都能合乎新生活的标准，然后西北人民的文化水准，始能提高，而三民主义文化的共识，亦可以得到成功了。”②

在西北开发和建设中，发展西北的文化具有重要的意义。一方面，从文化上挽救中华民族的危机。西北是中国的一部分，与中国是一个整体，所以发展中国的文化也就必须要发展西北文化，使西北与内地的发展水平一致，也具有平等的发展机会；西北开发和建设也是一个系统的、整体的社会活动，在进行开发的同时，还要从其他的方面进行建设，文化建设也是重要的一个环节。所以，“故吾人欲救中国之危亡，当先努力于西北文化之发

①胡　建.现代性价值的近代追索——中国近代的现代化思想史.上海：上海人民出版社，2008，196

②怎样提高西北各省的文化水准.西北论衡，1941，9(3)：24

展。”[1]另一方面，增强西北各民族的自尊心和爱国之心。通过发展西北文化，可以提高西北各民族的文化知识，以增强他们的自尊与自信的信念和抗敌御侮的决心。同时，通过发展西北文化，为西北建设培养人才，提高西北人民的文化知识，促进西北社会的发展和进步。

总之，西北是中华民族文化的发祥地，具有“古时圣君哲王的遗迹，我们祖先辟草莱，开疆土，文物声华，举世所钦的精神”[2]。其塑造了中华民族朴实、勇敢、坚强的性格，在民族危难的时刻，必须发扬我民族的固有文化，因为“一民族之永续存在，乃视其固有文化之能否发扬而定”[3]。同时，在建设新西北文化时，还要融入现代的文化因素，以促进西北文化的发展和西北社会的进步。

①郭维屏.新西北创刊词.新西北创刊号，1932:1

②③赵三纲.开发西北之重大性.新西北创刊号(河南)，1933:6

第六章　新西北思想对西北社会的影响

民国时期，对建设新西北的认识以及对建设新西北所运用的近代的社会发展的理论,都体现出进步和发展的思想。建设新西北的思想,不仅在当时具有划时代的历史意义,而且在今天,这些开发和建设新西北的思想仍然继续着。新西北思想就是面向世界、面向现代化和面向未来的思想。

第一节　追求现代化的新西北思想

自近代以来,随着西方资本主义国家对中国的侵略,“西方的文明也侵入中国。西方文明以各种不同的形式逐渐破坏了传统文化的稳定性和连贯性,而且在总的方面影响了中国思想和文化的发展方向。”①实际上,西方的物质文明对中国的冲击更大,中国积极地向世界(西方)学习,希望用西方先进的科学技术和制度改变自己落后的现状。新西北思想就是用西方的技术、制度和理念发展与改进西北的社会,即建设现代化的西北社会。

首先,从新西北思想产生的背景来看,中国的内地已经采用资本主义技术发展经济,中国的民族资本主义经济也有了很大的发展;近代社会的一些先进制度和思想也传入中国,并对中国社会产生了很大的影响。所以,在这一大的背景下,新西北思想必然会是现代化的追求。

①[美]林毓生.中国意识的危机——五四时期激烈的反传统主义.穆善培译.贵阳:贵州人民出版社,1986:14

其次，从新西北思想的内容来看，采用先进的科学技术和方法来开发和建设西北的经济，用机器生产来提高生产力。同时，以西方社会为参照物来改造西北的社会制度和文化、教育现状。

最后，从新西北思想所追求的目标来看，是追求现代化的目标。新西北经济思想的方向和目标就是要把中国的经济发展成如西方先进国家的一样，这样可以与帝国主义经济相抗衡，而且在未来的发展中与西方资本主义国家具有平等发展的机会和享有一样的资本市场。中国不再是他们经济侵略的目标，也不是原料产地和过剩产品的销售地。同时，西北经济发展也要成为如西方那样的，西北社会的发展也如西方那样的平等、民主。如何实现走向世界的目标，就是要用先进的科学技术开发和建设西北。

在西北开发时期，国民政府对西北的考察以及开发西北的一系列方案，都提出了用近代科学的方法来开发和建设西北。同时，面向西北和呼吁建设西北的西北报刊中的文章，在关于开发和建设西北的论述中提出要用科学之法才能建成新西北。因为，一是文章的作者在国外受过西方先进思想的熏陶，在其文章中必然会体现出这种思想；二是用科学之法发展社会是世界的趋势，是社会发展的风向标和目的。

"五四"时期，"科学"与"民主"是新文化运动的双翼。何为科学？陈独秀指出，科学有广义和狭义两种说法："狭义是指自然科学而言，广义的是指社会科学而言；社会科学是拿研究自然科学的方法，用在一切社会人事的学问上，像社会学、伦理学、历史学、法律学、经济学等。凡用自然科学方法来研究说明的都算是科学，这乃是科学最大的效用。"[①]所谓科学就是"有系统之观察与实验"。到了20世纪30～40年代，科学的理念已经深入人心，人们都在探索用科学的方法来推动中国社会的发展，以建立现代化的中国，使中国摆脱落后挨打的局面并傲立于世界。在西北开发中，国民政府和民间团体都指出建设新西北要用科学之法，并以科学的理念来论述建设西北的方方面面。

①陈独秀.新文化运动是什么.新青年，1920，7(5)

“现在，我们生活在近代文化的时期，一切生产交通的方法，莫不以科学技术为基础，效率大增，功用宏著。我们对于西北，显然的必须采用近代方法，开辟振兴，使成为近代国家之一重要区域，所谓开发西北者，其真实意义即在此。”①对西北社会的开发和建设以及西北问题的根本解决，“则不能不归结到生产和教育的问题，也就是如何提高文化生活水准的问题”，而解决之道，就是对西北人以及开发和建设西北的其他人而言，使他们树立科学的精神，学习“西方人穷究物理，加以利用，故取用奢而虞匮乏”②。这样，才能建设成一个真正的现代化的西北。

新西北思想，就是要有科学的精神，并用科学的技术和方法来发展西北社会观念。这可以从国民政府和专家学者有关开发和建设西北的文章中来认识。一是其对西北环境的研究，对西北社会改革的建议和方法之中，本身就融入了科学的因素和精神。如对西北农业方面的研究，就是建立在科学研究之后而得出的科学数据，并针对西北的情况给出合理的解决办法。对于影响农业的气候、土壤的化学成分、农作物种植的选择、肥料的制作与使用，作者都是建立在观察和试验上而得出的。在对影响农业的因素了解后才能因地制宜，有针对性地发展农业。下面是关于西北土壤肥力的研究：“西北土壤每顷耕层中共含氮素 460～2568 公斤，磷酸 2806～2552 公斤，钾 7464～10464 公斤。而可利用量每公顷氮素为 4.8～25.7 公斤，磷酸 28.1～36 公斤，钾 75～105 公斤。厩肥每公顷施用 28800～56500 公斤，输入土壤中之养分，氮素 53～106 公斤，磷酸 19～38 公斤，钾 49～97 公斤。而实际的利用量，氮素 47.7～95.4 公斤，磷酸 18.8～37.6 公斤，钾 48.5～96 公斤。作物每公顷消耗之养分，氮素 29～104 公斤，磷酸 9～50 公斤，钾 21～62 公斤。似此肥料输入养分之最高能利用量，与土壤所含之可利用量，尚足供作物一次之消耗。故栽培一次，即需施肥一次，

①翁文灏.西北经济的前途.西北研究，1943，6(1):5

②编　者.今日之西北问题.新西北月刊创刊号，1939:1

并须将最高用量加多，而勿使之不及也。”[①]这只是一个方面，其他如对畜产品的改良，铁路建设时的勘察及科学施工，西北教育、文化和民族问题的解决都着眼于未来，以科学的角度认识问题，并用科学的方法解决问题。尽管文中并没有说科学或现代化，但无不融入科学的精神和理念。二是有关建设新西北的论述中，直接指出用科学的技术把西北建设成现代化的社会。从开发和建设西北的认识与实践来看，都体现着科学的精神。论说者认为，西北的开发和建设应该有先后缓急，这一方面是源于当时中国面临着主要的民族危机，另一方面是因为西北开发和建设是一个复杂的、系统的工程，如何建设才具有合理性。徐旭从以下几点指出西北的开发和建设：

（一）政治建设先于经济建设

只有清明的政治、民主的政治，才可以使西北开发和建设的诸多问题得到解决。

（二）民生改善重于国防建设

国防巩固的基础在于民众，民众的生活改善了，生活有了保障，才能建设起真正有力量的、巩固的国防。

（三）工业生产先于农业生产

农为邦本，许多人认为西北地广人稀，实行垦殖以增加粮食生产是主要的。事实上，西北的粮食能够自给自足，而西北老百姓最感困难的是特产无法畅销。因此，首先应将西北现成的皮革、羊毛、药材等原料进行加工，也就是要推广手工业和轻工业。

（四）加强驿运先于修筑铁路

铁路建设对于国家政治、经济、国防和移垦等方面来说具有重要的作用，但是目前的力量有限，铁路的修筑不可能一蹴而就。在过渡期间，可以加强驿运线路的建设，充分利用西北丰富的畜力。

---

①赵云梦.西北土壤肥力之初步研究.新西北月刊，1941，4(1)：37

(五)罗致人才先于移民

移民垦殖,就是要从人尽其力、地尽其利的成果中,获得大量的生产品,并且达到调剂人口疏密和文化的目的。大量移民并非易事,事先要有周详的考虑、缜密的计划以及充分的准备。无论是西北开发和建设时期还是西北本身的发展都需要人才,而西北最缺的就是人才,所以政府应该奖励、保障、优待各种专门的人才前去西北调查、研究、设计、指导、训练,兴办目前可能的建设事项。等到专门人才认清了西北的现实,奠定了建设基础之后,再进行移民。[①]从上面可以看到,西北开发要有计划,在计划的指导之下合理地开发和建设西北。对于开发和建设西北计划的重要性, 人们认为,“总之复兴地方,经济万端,许多工作,非短时间内所能尽举,但整衣者必挈其领,纲者得其纲要领者,实宜尽先定位中心工作……我们此日努力之目标,当以造成近代国家为前提, 认识时代之应有之任务。甚盼全国同胞以及西北地方之人士,共明此旨,携手进行,使二十世纪之中华民国,早建设成功灿烂之西北区域。”[②]

建设现代化的西北是国人的共识,也是新西北思想主要的内涵之一。中国自 19 世纪就开始了由农业文明向现代工业文明转型的现代化过程,是后发外生性的现代化国家。现代化在历史上又被称为欧化、西化或工业化。现代西方社会是以资本主义、民主政治、都市文明和法制作为其制度的基础,并以科学技术为其文化的主干。建设现代化的西北,就是在西北开发时期,利用现代的科学技术推动西北社会的发展,同时,把现代社会的理念、价值观和社会制度全面地、彻底地在西北宣传和实施开来,使西北社会变成发展的、进步的现代化社会。但是西北的现代化并不是工业化,因为“现代化并非是一个简单地向欧美国家的认同过程, 其间必然蕴含着每个国家在各自的

①程　霖,王　昉,张　薇.中国近代开发西部的思想与政策研究(1840—1949).上海:上海人民出版社,2007,167～168

②翁文灏.西北经济的前途.西北研究,1943,6(1):6

历史文化视野中对现代化的不同价值取向和模式选择。现代化也不仅仅是生产方式的转变和工艺技术的进步，它是一个民族在历史变迁过程中文明结构的重塑，是包括经济、社会、政治、文化诸层面在内的全方位的转型"[①]。所以，现代化的西北就是一个与中国和西北社会与文化相一致的，融入现代文化和制度的新西北。西北在开发之前既具有与全国一致一面，如面临着外敌的入侵、军阀和政客残酷的统治和剥削，也有其特殊的一面，如复杂的民族矛盾和隔阂等。这就要求建设现代化的西北就要对西北社会有一个全面的认识，针对西北的现状和特点进行开发和建设。

新西北思想的现代化主要体现在以下几个方面。首先，从生产方式来看，就是要用现代的科学技术提高西北的社会生产力，以促进西北社会的进步。而西北社会一直保留着传统的生产方式，从事着祖辈们传下来的农业和畜牧业生产。西北社会远远落后于时代，有的甚至处于原始社会。生产方式的落后，导致了西北经济的衰弱、文化和社会的落后。建设现代化的西北就是要改变生产方式，一是用先进的技术从事生产，以提高生产力。如农业方面，"引水之力，自必更为加大"[②]，只要用现代化的生产工具，"如公路、铁路、机械，马上可以变到向现代化的城市"，"从前在三千年做不动的，现在二三十年可以完成。"[③]二是用现代科学技术，改变西北单一的经济模式。在西北开发和建设时期，开始积极地建设西北的工业，使西北的经济结构更为完善。同时，在抗战时期，内地大批工厂迁至西北，大量的技术人才和熟练工人也迁移到了西北，这成为推动西北工业发展的物质力量和技术力量，西北地区的工业一度呈现蓬勃发展的局面。"除工业外，在抗战时期国民党政府对农业、金融、贸易、交通、邮电、教育、科技以及文化事业的开发，也取得了一定的进展。这不仅支持了 8 年的抗日战争，而且在一定程度上改变了我国近

①许纪霖，陈达凯主编.中国现代化史(1800—1949)一卷.上海：上海三联书店，1996，2
②翁文灏.西北经济的前途.西北研究，1943，6(1)：6
③吴稚晖.开发西北.西北研究，1943，6(2)：2

代社会生产力不平衡的状况。”[①]用现代科学技术建设西北，以促进西北社会的发展，并使西北社会实现现代化，这在西北开发和建设时期，是人们普遍的认识和追求，也是建设者努力实践的目的和方向。

其次，从价值层面上建设现代化的西北。建设现代化的西北不仅要从技术上建设西北，而且还要从价值层面上建设，即把现代化的价值理念用到西北开发和建设中去，使西北成为一个真正的现代化的社会。现代社会所追求的自由、平等、民主、法制等理念，也成为西北开发和建设时期人们努力实践的目标。“民主、科学、革命等等观念，都是20世纪主导国人思维行为的重要语义，他们不仅仅是观念，而且形成一整套的政治、法律、社会制度和行为方式。”[②]在西北开发时期，这些现代化的价值理念也被用到西北社会建设的方方面面。

(一)平等观

在建设新西北的思想中，最能体现平等观的则是教育平等和民族平等。教育落后是阻碍西北发展的痼疾。在西北发展教育就是要普及教育，使西北每一个应受教育的人受到优质教育，为西北社会的发展贡献力量。同时，还要在西北多建设基础教育设施，多投资教育，把内地的优质教育模式和教育理念用到西北的教育之中，使西北的教育提升上去。这样，西北人民有平等的受教育的权利，有着和内地一样享受现代教育的机会。在西北地区，民族众多，民族语言不通，风俗习惯不一，文化水平参差不齐。这是建设西北社会必须要注意到的特殊性， 即要用平等的观念来发展西北社会和处理民族问题。一是发展民族教育。西北地区的文化落后，而各少数民族的文化更为落后，这就需要发展西北的民族教育，“除固定之学校外，应再设边防教育，或其他教学方式，使游牧民众得受教育之便利。总期在一二年内，西北各部民

①魏永理主编.中国西北近代开发史.兰州：甘肃人民出版社，1993，622

②赵立彬.民族立场与现代追求——20世纪20—40年代的全盘西化.北京：生活·读书·新知三联书店，2005，19

众，不论老少男女，汉、回、蒙、藏均受最低之教育，必要的训练，完成的时期要短，设立的学校要多。”①二是西北各少数民族在政治、经济、社会上要有平等发展的机会，并在法律上保障各民族享有平等的权利。在关于发展西北民族社会的认识当中，都希望以平等为出发点，建设西北新的民族关系。

（二）自由观

在开发和建设新西北中，欲求自由，必得中国的独立自主。“盖唯根于自由意志之统一与联合，乃为真正之统一与联合，在未获得胜利以前，吾境内各民族，唯有同受日本之压迫，无自由意志可言……惟抗战方能解除压迫，为抗战获得胜利，乃能组织自由统一的，即各民族联合的中华民国，各民族今日致力于抗战，即为他日享有自由之左券也……所以要民族团结，共同抗日，以求真正自由平等的实现。”②追求自由是人类的天性，西北人也不例外，但是中国面临着严重的民族危机，抗击日本的侵略是中国追求自由的前提，也是追求自由的内容。中国真正自由的实现是在抗战胜利后，是在中国统一和富强后。所以，在中国或在西北实现自由，必须解决当前的问题，即把日本侵略者赶出中国。

（三）现代政治观念

在西北开发和建设中，近代的政治理念也被宣传到西北的政治改革和建设之中。一是政治的内涵。近代政治的作用是“保民”和“养民”，人民成为主体，政府是为民服务的机构，合格者人民支持，不合格者人民有权利重选。二是民主。在建设西北政治时，就要考虑到“民意”的作用，“西北过去或者竟没有人注意舆论，当然也没有民意，所以政治的好坏，社会上所引起的反应只是个人的，永久生不出力量，这也是与政治不上轨道有关”，所以西北要注意民意的作用，“使主政者多少采纳民意的机会”③。三是团结。由于历史上不

---

①陆殿扬.推进西北教育的根本计划.新西北月刊，1939，1(3)：11，

②马鹤天.抗战以来边疆施政纲要检讨.西北研究，1943，6(1)：6～7

③童蒙圣.西北的政治建设.新西北月刊，1939，1(3)：19

良的政治，造成了西北各民族之间不团结，西北人民与内地有隔阂，使西北人心分散，具有很大的离心力，既不利于西北开发和建设，也不利于缓解人民之间的矛盾。所以，今后西北政治建设就要发挥积极的作用，使团结成为西北各民族的常态，也成为建设新西北的力量。这些现代政治理念和价值观在西北开发时期被用到了西北社会政治改革和建设中，努力使西北的政治走上轨道，实现西北社会的现代化。

在西北开发时期，这些现代化的价值观和理念在西北的宣传和运用，既与中国当时的社会现状有关，也呈现出西北社会的特殊性。西北作为中国领土的一部分，历来被国人漠视或遗弃，成为一个封闭的、落后的代名词。同时，历代主政者对西北采取的压迫和不平等的民族政策，使各民族间缺乏团结在一起的凝聚力，也缺乏国家观念的凝聚力。但是，在民族生死存亡和西北重要性凸显的当下，有关建设新西北的思想里融入了中国文化和具有时代特征的现代化的价值理念与思想。因为，“在于它（现代化运动）是一场救亡图存的民族复兴运动，因此，国人不能不从传统中去寻找构建民族国家的价值渊薮。”①所以，西北的现代化不仅要建设一个富强的西北社会，而且还要凝聚起西北各民族的力量来共同抗击日本侵略者，使中国走向独立和统一。当然，与以往西北建设的思想相比，其更具有先进性。“这一时期西部开发思想最大的特点就在于对国外理论的引进，与晚清时期相比，20世纪30～40年代，中国人受到西学熏陶的程度更深，更多的人在国外接受了先进的教育之后，用西方的理论和观点来分析和思考西部的开发建设问题，使得这一时期的思想更为活跃，并充满了新鲜的气息。”②同时，这一时期，还有许多现代化的价值理念如民族主义、爱国思想等近代社会进步的思想通过“西北”报刊被传播到西北，

①胡　建.现代性价值的近代追索——中国近代的现代化思想史.上海：上海人民出版社，2008，207

②程　霖，王　昉，张　薇.中国近代开发西部的思想与政策研究（1840—1949）.上海：上海人民出版社，2007，168

并在西北社会的建设之中得到了实践。这对于西北社会和西北民众而言，是一次现代化的启蒙，在一定程度上促进西北人民思想观念和社会习俗的转变，也为以后西北的现代化建设做了思想上的准备。

最后，推动西北现代化的传播媒介。在西北开发时期，西北报刊为新西北的建设起到了积极的推动作用。就报刊本身而言，就是近代社会出现的代表近代文明的一种形式，是社会现代化的表现。西北报刊，不仅把近代社会的科学技术、现代观念和进步思潮介绍到了西北，推动了西北的开发和建设，使西北向现代化的方向前进，同时，其又形成了一股强大的建设新西北的社会思潮，“并真正发挥‘能动性的倍增器’的作用”①。西北报刊在西北的现代化中，扮演了十分重要的角色，“它能够同时传播统一的政治消息给人民，它的标准化足以产生举国一致的行为模式”②。所以在西北的现代化进程中，西北报刊起到了宣传西北、监督和督促政府对西北的开发和建设，号召全国人民团结一致抗日和凝聚西北人民力量的作用。

西北报刊是贴近时代的，因为近代社会先进的制度、思想和生活都通过西北报刊传播到西北，使西北的社会发展与时代一致，即把西北建设成现代化的社会。西北报刊是贴近民众的，民国时期的西北开发之所以成为时代潮流，皆缘于西北报刊对西北的宣传和介绍，这既形成了西北开发的强大思潮，而且也促进了西北开发和建设的进度。这一开发西北的思潮，是时代赋予西北社会发展的内容，是时代与文化的互动，也是时代民意的反映。在西北开发时期，在推动西北现代化的过程中，西北报刊起到了积极的推动作用。

在西北开发时期，西北就开始了现代化的建设，以改变落后的局面。这一时期对西北开发和建设的目的就是把西北建设成一个现代化的社会，即用科学的、先进的技术开发建设西北，并把现代化的价值理念传输到西北，

---

①闾小波.中国早期现代化中的传播媒介.上海：上海三联书店，1995，2

②杨孝荣.传播社会学.台北：台湾商务印书馆，1979，439

使西北的发展具有时代特征而不断前进。这一面向未来的、不断发展西北的思想与回归汉唐盛世的、怀旧的西北思想是截然不同的,也与清末以固边为主的单一的开发西北的思想不同。这主要是在西北开发和建设时期时代赋予新西北思想以新的内容,把西北建设成现代化的西北、不断发展和前进的西北,西北未来的发展仍然是不断地实践着现代化。

第二节　走向大众化的新西北思想

追求现代化就是使社会走向世俗化。"现代化至少在两种程序里进行。第一是世俗化。"[①]与传统的开发西北的思想比较,新西北思想是走向大众化的思想。如清末时期开发西北的思想内容是统治阶级为了固边和维护封建统治而提出来的,是对人民进行统治的思想,其思想带有浓厚的封建色彩。如对新疆各族人民屠杀之后,"非为素诚报仇也,以警群回也……数十年来,上赖朝廷厚德,下赖贤将军、贤大臣等明示胸肝,告以天朝虽疆回地,断无喜杀回人意,大臣皆奉公法"[②],为其罪行开脱。同时,其思想是上层阶级的思想,人民是被动的参与者。

新西北思想从建设新西北的人员构成来看,包括政府官员、专家学者和西北地方人士。尤其专家学者或西北地方人士由于受西学的熏陶,他们的思想观念和知识结构都发生了很大的变化,他们不再为统治阶级服务,转而成为真正的知识分子,"他们是社会的批评者,也是现有价值的反对者。"[③]由于独立的、批判的精神,他们倡导用现代科学技术建设西北,向西北民众灌输民主的思想、人权的观念,以期开启民智,反对封建愚昧的专制统治。他们

①殷海光.中国文化的展望.上海:上海三联书店,2009,293

②龚自珍.上镇守吐鲁番领队大臣宝公书.见:张灏,张忠修编:中国近代开发西北文论选.兰州:兰州大学出版社,1987,11

③殷海光.中国文化的展望.上海:上海三联书店,2009,370

"对新知识的灌输,新思想的介绍,新观念的启迪,新制度的推行,风俗习惯的改革,都表现了罕有的热忱和高度的锐气。中国近代和现代的知识分子在近代和现代中国历史的舞台上,曾扮演着新时代催生者的重要角色。"[①]同时,新西北思想体现了对政府或地方当局的批判。一是对历代政府对西北政策和态度的批评。晚清以来,政府对西北采取的是愚民政策和不良的政治制度,使西北成为民族矛盾、民族冲突频发的地区,西北的社会由此而不断地恶化。到了民国时期,"年来国事蜩螗,内讧迭起,所谓一般做官握权的人,大都终日竞焉在维持个人的地位忙,攘夺不遑,唯利是视,这样其对于国计民生,自鲜能顾及;即今有时苟安了,像是要替老百姓们做番事业了,而事实总是告诉我们说:'有些事情不能靠官来做,他们做的结果是钱事两空'。"[②]由于政府的不作为,造成西北地区犹如一个独立的无人管理的区域,是有权有势者或军阀掠夺的乐土,西北人民生活在生死边缘。尽管地理环境和气候恶劣,但西北落后的原因并不在于此,而是由人为祸患造成的。二是国人视西北为荒蛮之地,不愿意到西北从事经营,这是目光短浅的表现。今日西北的建设无论从哪一方面开始,均不可以赔本不赔本为衡量的标准,而是要着眼于未来。"我们不应当把眼近视了,错误的认定建设西北是会赔本的事情。何况实际上,建设西北是决不会赔本的。"[③]而西北人民不仅是新西北思想关注的主体,他们也是积极的参与者。所以,新西北思想是由于知识分子的责任感,关注西北民众和西北社会,呼吁全国的民众参与到西北社会的开发和建设当中来,希望西北人民的生活得到改善或提高并使西北社会进步和繁荣。

从新西北思想的内容来看,其也是面向大众的。无论是开发和建设新西北的经济思想,还是社会思想,研究的是西北社会的底层和民众,对西北社会底层都报以深深的同情,其思想都着眼于改善西北的民生问题。在西北的

①殷海光.中国文化的展望.上海:上海三联书店,2009,371

②零.为西北开发声中的烦言进一解.新西北创刊号(河南),1933:15

③刘熹亭.建设西北先要确定两个观念.西北论衡,1940,8(12、13合):5

建设中“至少政治上应更民主化，经济更应民生化，一切都应该向着合理的那条路上走。而关于较高级的文化，亦应超越唐代的隆盛状态，对于世界进步作第二次的大贡献”①。同时，新西北思想是全国各地各阶层的智慧和思想，既有国民政府官员的思想，也有西北地方人士、知识分子的思想。他们提出的新西北思想，“立足于长远和全局，十分重视经济开发与西部地区资源、环境、文化、教育和社会改造的齐头并进和协调发展”②。这样新西北思想既有时代的特征，也有广度和深度，并适合西北的客观环境。经济思想是新西北建设的主要内容，经济的发展对西北乃至全国民生的改善至关重要，因此新西北的思想是关注民生，走向大众的。西北报刊中关于建设新西北的设计和开发也多从经济的角度出发。无论是农林牧、交通、工矿业，还是与西北经济相关的建设，都是以经济为重点。从西北社会本身来说，一是经济发展可以改善西北社会的现状，进而对中国的经济前途都有很大的帮助。在西北开发之前，全国经济一片萎缩和混乱，而西北社会破产，经济凋敝，不仅影响着西北社会本身的进步，而且也牵制了中国经济发展。所以，西北开发和建设就先要解决国内人民尤其是西北人民吃饭的问题。只有经济发展了，人民的生活改善了，西北社会的其他建设就会有能力发展起来。二是当时中国严峻的经济危机，欲争取民族的独立和解放，只有西北“始克为我民族经济建设的一条新生路”③。而且，西北有广阔的土地、丰富的矿产，以及将来“取阿根廷而代之的世界最大产肉场”的畜牧业等等，这些对西北或全国经济发展而言都是十分有利的因素。三是发展西北的经济不仅仅要争取民族的独立和解放，而且还要有能力与外国资本主义经济相抗衡，防止外国资本主义经济对中国经济的剥削。“中国是一个半殖民地的国家，是帝国主义者夺取外国

①编　者.向着光明走.新西北月刊，1939，1(2)：4

②申晓云.三十年代国民政府西北开发模式考论.见：张宪文主编.国民政府与中国社会转型.南京：南京大学出版社，2011，224

③赵三纲.开发西北之重大性.新西北创刊号(河南)，1933：5

市场的总目标。哪一个帝国主义者,如果占据了中国的市场,就可以缓和它本身的矛盾危机,所以每个帝国主义者,都对中国抱着这种的观念和准备。"①因为中国经济落后,其没有能力取得与资本主义国家平等的发展机会,而"先进国的资本势力又透入了中国经济的方面,桎梏了中国经济的命脉,不能走向民族资本主义的道途上去谋发展",这样中国就"陷于为先进国供给原料、销纳商品之半殖民地的地位"②。所以,为了发展中国的民族资本主义经济,就必须开发和建设西北,而西北经济的建设就十分重要。从以上几点观之,发展西北的经济是最为紧迫的,而且也符合中国和西北社会的现实和发展规律。西北的经济建设跟上了,其他建设和发展也就紧随其后自然而然的与经济发展一体全面推进,西北社会的民生问题也就得到了改善。

从西北报刊来说,其主要的功能就是使文化走向世俗化和大众化,其实现了西北与内地、政府与地方、知识分子与草根阶层的沟通和联系,也使新西北思想不仅是一个地方或一个阶层的思想,而是走向大众化的思想。我们从新西北报刊的种类之多以及一些有影响的报刊创办之久可以看出,其除了办报人的社会责任之外,更重要的是有大量的阅读群体。这些阅读群体又把自己的认识或新西北思想间接地传输给其他民众。这样新西北思想不仅"要适合广大民众的口味,最大限度地让更多的人理解传播内容"③,而且也对西北社会产生了重要的影响。

第三节 新西北思想对西北社会的影响

新西北思想把近代社会的技术、思想和制度带到了西北,其对西北社会产生了重要的影响。

---

①刘传中.西北的青年应该怎样.新西北(上海),1932,1(3、4合):15

②张 徨.中国经济问题之理论.新西北(上海),1932,1(3、4合):17

③闾小波.中国早期现代化中的传播媒介.上海:上海三联书店,1995,256

首先，从技术层面上来看。在西北开发和建设时期，进步的科学技术和生产工具在西北得到了应用，不仅提高了生产力，也推动了西北社会的进步和发展。如西北铁路和公路的修建以及汽车在西北的通行，"搭客载货，无形中缩短了南北的距离，使着孤陋寡闻的西北民众，渐渐地得与欧化了的中国新文化有一种接触的机会，在一般乡农妇孺看起来，确是旷世奇观，大开眼界，就是在知识阶级的脑海里，也认为西北之开发，将于此肇其端也。"[①]同时，随着现代交通工具在西北的通行，一些先进的东西也随之传播到了西北，"因为汽车和飞机是传播文化的媒介。"[②]如用先进技术开发矿产，发展工业，改良畜产品，发展农业等，这些都促进了西北社会的发展。在这些先进的技术和工具在西北得到使用的同时，与之有关的一些进步观念也在西北得到了传播，使西北社会也相应地发生了变化。一是使西北社会向现代化的目标前进；二是对传统文化的冲击，促进了西北民众的观念由传统向现代的转变，因为这种思想观念的转变"是一种以西方为参照物、开放性思维的产物，也是基于一种现实厉害的理性选择，他指向的是现世的、功利的、世俗的价值目标"[③]。其主要意义在于通过技术等器物媒介，为新西北思想的不断践行做好了物质准备。如发展农业的计划"不能只单纯重视西北农业中的一项事业的建设，要根据当地的土壤、气候、地形、水源、降雨量以及无霜期长短等农业发展的条件，科学地、合理地安排好农林牧业生产，宜农则农，宜牧则牧，使农林牧各业互相结合"[④]。

其次，从西北社会的制度方面来看。在西北开发之前，西北社会如政治制度、文化、教育以及社会习俗方面与其经济发展的水平是一致的，即封闭

①宾　三.汽车和飞机对于西北贡献之商榷.新西北(上海)，1932，1(3、4合)：4

②宾　三.汽车和飞机对于西北贡献之商榷.新西北(上海)，1932，1(3、4合)：6

③许纪霖，陈达凯主编.中国现代化史(1800—1949)一卷.上海：上海三联书店，1996，66

④申晓云.三十年代国民政府西北开发模式考论.见：张宪文主编.国民政府与中国社会转型.南京：南京大学出版社，2011，225

和落后。在西北开发时期，建设现代化的新西北是人们的共识，也是努力的目标。为了促进西北社会的发展，一些现代的、与时代发展一致的思想也用到了改变西北社会落后的实践之中，如发展新式教育，以培养新兴人才；用现代的政治理念改革西北的政治制度，使西北的政治走上轨道；恢复和建设新西北的文化，提高人民知识水平；建立平等自治的民族政策，解决历史上遗留下来的民族冲突问题，增强民族间的凝聚力和爱国心等。这些追求并致力于西北社会制度方面的建设在西北开发时期取得了一定的成绩，如“国民政府开发西北的活动也在一定程度上增进了西北地区少数民族与内地汉族的相互了解和沟通，消除了某些在宗教信仰、风俗习惯和心理感情上的隔阂，缓和了民族矛盾，改善了民族关系，为西北边疆的巩固和进一步发展提供了初步的保证”[①]。还有，随着大批工厂的内迁、人口的西进以及交通运输的发展，一些新思想、新风气逐渐侵染着西北社会，过去的保守、封闭也逐渐被进取和开放所代替。各种新思想在大众传播媒介的传播和宣传下，推动了西北社会习俗的变革。“社会习俗是特定文化价值观的外化，亦属于社会意识形态之一，并有着相对的独立性。在由传统社会向现代社会的过渡时期，传统社会的习俗必然受到现代化社会价值观的涤荡。”[②]在西方资本主义先进生产方式和思想意识的指导下，西北各项开发实践活动涉及的范围更广，力度更大，比晚清时期的开发活动也显得更为深刻，更为具体，更具合理性。这不仅使新西北思想在西北开发和建设时期能够取得成效，而且具有很强的生命力指向未来西北的建设。其意义在于，对西北社会的建设和认识，推动了西北社会的发展，为以后的西北开发和建设扫清了障碍，打下了社会的基础。

最后，从思想观念方面来看，无论是现代科学技术在西北的应用，还是

---

①程　霖，王　昉，张　薇.中国近代开发西部的思想与政策研究(1840—1949).上海：上海人民出版社，2007，197

②闫小波.中国早期现代化中的传播媒介.上海：上海三联书店，1995，234

西北社会的建设，都融入了现代的价值观和先进的思想，并把这些新思想带到了西北，对西北社会和西北人民起到潜移默化的作用，推动着西北社会的变化，也使西北人民的观念发生变化。这一思想观念的变化为西北的建设和走向现代化打好了基础。西北开发时期，“特别是大规模地引入资本主义的生产方式和先进意识。尽管这一时期西北的开发是短暂跳跃式的开发，但先进的生产方式、思想意识已渗透到西北地区社会的各个层面，在西北区域史上的意义和作用不可低估，也留下了许多供今人借鉴的历史经验。”[①]新西北思想对西北社会产生的最大影响就是西北社会全民重视教育、发展教育，尤其是近代的教育在西北社会大规模地推行起来。西北社会各界开始积极地发展近代教育，不仅各类学校迅速建立起来，而且培养了大批的人才。如宁夏认为“当以教育为国家百年大计，人之爱子，谁不如我，对培育自己子女成人之教育事业，想无人稍加忽视，商讨改进，自无若何问题，时亦有慨然以自动兴建校舍，捐资倡办相告者。如平罗、惠农等地，主席（马鸿逵）目睹其热心乐意之状，私心颇以为慰”。宁夏“亦以各县分乡修建小学校舍，或自动捐献木料，或自动供给柴草，有车出车，有夫出夫，众人之事，众人兴办，轻而易举，并无异词”。为了进一步发展宁夏的教育，宁夏省主席马鸿逵捐资兴建了“甘宁两省，如临夏云亭中学一所，云亭小学一所，宁夏贺兰中学载德慈幼院，官兵子弟学校，中卫分校，教育学生将及两万名。最近又在省垣及各县创办云亭小学十一处，每年经费支付约在一万万五千万元以上”[②]。同时，马鸿逵呼吁宁夏人民积极捐资助学，建立学校培养人才。青海各地的学校，多是回教促进会资助建立的，如在民和设立的学校“为数不少，有高小一处，地点设于上川口西门外，近有朱海山处长捐赠五百元图书，在沪订购，书单嘱由马县长汉章开出”[③]。青海回中的回族学生“占全校的十分之七”，其课程的设

①程 霖，王 昉，张 薇.中国近代开发西部的思想与政策研究（1840—1949）.上海：上海人民出版社，2007，202

②坤 元.论马主席少云先生倡导人民自动捐资修学校.新宁夏创刊号，1946：9，10

③哈 三.八年来之青海回族教育.昆仑月刊，1936，1（3）：9

置除了其他的,“外加两点钟的教义课,请专门教师来灌输回教文化知识,以便非回教者,将来亦稍明其内容,不致有所异疑,且免彼此隔阂,这亦足见本校宗旨的优良”。同时,学校订阅了各种期刊及“大公报、申报、各省民国日报等,总不下数十种。若你想看书籍杂志之类,可以说应有尽有”[①]。学生还组织了各类小团体,创办了各类小刊物,这些对满足学生的课外生活与了解外面的世界大有裨益。

第四节　不断践行的新西北思想

新中国成立之后,尤其在改革开放以后,又一次掀起了开发和建设西北的高潮,这次是用先进的科学技术进一步推进西北社会的现代化建设,是新西北思想的不断完善和践行。但这一次的开发和建设与民国时期的西北开发比较,“无论深度和广度都达到了前所未有的目标”[②]。

从西北的划分范围来看,民国时期的西北,其范围不一,时人王金绂所书,“西北之范围,言人人殊,有谓西藏、西康、青海、甘肃、新疆、外蒙、宁夏等地,为西北者;有谓外蒙古、新疆、热河、察哈尔、绥远、黑龙江、辽宁及陕西一部,为西北者;有谓新疆、科布多、唐努乌梁海等地,为西北者;又有谓甘肃、青海、陕西、宁夏、新疆等地,为西北者”[③]。但是,当时西北主要指的是陕西、甘肃、宁夏、青海和新疆五省区。改革开放时期,西部有西北地区的陕西、甘肃、青海、宁夏、新疆和西南地区的重庆、四川、贵州、云南、西藏 10 个省市自治区,称之为“小西北”。西部大开发后,国家把中部的内蒙古和东部的广西两个自治区纳入,使西部扩大为 12 个省市自治区,其面积占整个国土面积的 70%,这又称之为“大西部”。所以,这一时期的西部大开发,包括西北五省,其范围更广。这是国家把

①穆增祥.青海回中学校的学生生活.昆仑月刊,1936,1(3):17,19

②汪受宽.西部大开发的历史反思(上册).兰州:兰州大学出版社,2009,295

③王金绂.西北之地文与人文.上海:商务印书馆,1935,1～2

我国分为东中西三大地带,实行梯度推移战略的经济建设的规划。

从西北开发的时代背景来看，民国时期的西北开发是在内忧外患的情况下提出并实践的。

(一)从国防来看

“九一八”事变,东北沦陷,西北在国防上的重要性被国人所认识,因此西北开发具有挽救民族危亡的性质。这时国民政府和民间团体都指出建设西北的重要意义和紧迫性。到了抗战时期,日本侵略者对中国鲸吞蚕食,国民政府把西北作为抗战建国的大后方,使西北的开发和建设全面实施开来。蒋介石在给杨虎城的信函中谈到西北开发时说:“中央数年以来，确认西北尤其陕西为北方之根据地,关于开发西北与建设西北之事业,无不本于国防之见地,按照计划,尽力进行……财政困绌如此,而不惜竭全力以图之者,诚欲使后方交通与国防要地,得有相当之规模,以为复兴御侮之根据地。”[①]在新疆,苏俄对新疆的野心从未断过,“假使我们的敌人以蒙疆为出发点,西北即马上告警,此间之安危问题,便发生绝大的疑问。若以绝无国防建设的西北,对付国防建设完备的敌人,西北本身之动摇当然无法可以避免,最终胜负之数,又不问可知了”。所以,要加强国防建设,否则一旦敌人伺机侵犯我边疆,“我们即难以善其后了”。同时,西北不保,“川康之建设是否可保,当然又是疑问中的疑问”[②]。所以此时的西北开发是在严重的国防危机时刻进行的。

(二)从当时中国的状况来看

1928 年，国民政府的统一是表面上的,“国民党实际上从来没有完全统一中国”[③]。正如尼克松所言:“尽管蒋介石以‘武力’统一了中国,但是这种统一都是名义上的,而不是实际上的,蒋介石虽然使他的对手屈服了,但并未征服他们。他同意让他的对手按照中国传统的方式,既臣服于他这位上司,

①总统蒋公思想言论总集卷 37·别录·忠告杨虎城迅使西北规复函

②张君俊.西安建都与国防建设.西北研究,1940，3(8):7

③汪受宽.西部大开发的历史反思(上册).兰州:兰州大学出版社,2009,292

又与他结为盟友，以此保全对方的面子。”[①]实际上，“蒋从来没有全面地控制过中国”[②]。而在西北地区，诸马军阀、新疆的盛世才，都独立地统治着自己的地盘，与国民政府进行权力的角逐，对国民政府的政令阳奉阴违，国民政府并没有真正对西北进行过直接的统治。

（三）从西北社会来看

西北社会的落后、复杂是国民政府在西北开发时必然要面对和解决的问题。尤其在西北开发和建设时，无论从哪一方面建设，都直接或间接地与民族有关系。民族问题解决不好会造成西北社会的不稳定，同时，对中国西北虎视眈眈的侵略者企图通过民族问题以达到分裂瓦解中国的目的。在民族危机严重的时刻，西北承担着抗战建国的重大责任，所以，对西北开发和建设也就具有挽救民族危亡的内容。

而21世纪的西部大开发，彻底地清除了帝国主义的势力，有了完整的主权，对政治、经济、文化有支配和建设的权力，有独立自主处理本国事务的权力。“中央政府对除台湾以外国土的统一，以及各级人民主权的建立，使国家对社会的控制达到了前所未有的深度和广度，这大大提高了政府动员各种资源的能力；国家的权威深入人心，各项政令得到人民的积极响应，云从风随，国家行动的有效性不容置疑；以民族平等为基本主旨的新兴民族政策，使各民族之间的团结局面与向心力达到了空前未有的程度。”[③]在这一大的社会背景下，西北的开发和建设就会更为全面。

从对西北开发的政策和取得的成效来看，国民政府对西北开发的政策是全面的进步的，符合西北地区的实际，也具有针对性和可操作性，同时也取得了一定的成效，尤其对支援抗战和发展西北经济取得了很大的成绩。国民政府改变了清末对西北的开发传统，由治边向经济政策转变，并纳入了国

①尼克松.领袖们.北京：知识出版社.1985，333

②尼克松.领袖们.北京：知识出版社.1985，337

③汪受宽.西部大开发的历史反思（上册）.兰州：兰州大学出版社，2009，198

家经济建设的方略。但是，从总的方面来说，民国时期的西北开发并没有取得预期的效果，一则是没有一个民主、高效的政府和一个和平稳定的政治社会环境来保证开发活动有序、顺利地进行。尤其在抗战时期，国民政府对西北开发的原则是“军事第一”，西北的开发和建设是以服务军事而进行的，这样就造成西北的开发和建设为暂时性的军事战略的一个组成部分。这种“将西北开发与抗战建国过分紧密地联系起来，势必会降低西北开发真正意义”[①]。一旦军事结束，西北开发也就随之衰落，正可谓“开发之声势盈于朝蛮，而实际效果渺若神山”。二则国民政府对西北开发的资金投入不足，这一方面是缘于政府的财政困难，再加上战争的原因，东南富庶地区的沦陷，其财政收入急剧递减。西北开发是一项规模宏大的系统工程，是一项长期而艰巨的任务，需要政府不断地投入大量的人力、物力和财力。所以在财政支出日巨、收入日减的情况下，用于西北开发和建设的资金很有限，这就制约了西北的开发和建设。三则国民政府开发西北缺乏有效的政策保障。“抗战初期，国民政府对开发西部颇为用心，取得了一些成就，使落后的西部社会有了一定的改变。然而，随着抗战尾声的到来，西部的开发逐渐走上了穷途末路。究其原因，国民政府对开发西北缺乏系统的政策，总是因事而变，因人而变，没有长远打算。”[②]四则是民国时期尽管对西北开发有详细的设计和计划，但在实施当中并没有按照其建设计划进行，而是对西北进行掠夺式的开发和建设，这破坏了西北的生态环境，影响了西北社会的进一步发展。

21 世纪的西部大开发，是在国家统一、地方稳定、民族团结的条件下，党中央站在战略性的高度开发和建设西部地区的 。中央政府对西部开发给予了政策的支持和资金的扶持；制定了一系列利于西部开发的政策，扶持西部健康快速地发展；从法律上、组织上给予了保障；制定了相应的资金和人才

①程 霖，王 昉，张 薇.中国近代开发西部的思想与政策研究(1840—1949).上海：上海人民出版社，2007，198

②汪受宽.西部大开发的历史反思(上册).兰州：兰州大学出版社，2009，288

政策，加大东部地区对西部地区的支持力度，促进东部与西部的经济交流与互补。同时，西部大开发是国家的一个长久政策，这利于西部社会的可持续稳定发展。

民国时期的西北开发并没有取得预期的成绩，但其对建设一个新西北的认识以及如何建设新西北的规划和设计都体现出当时国人的责任感。同时，由于新时代发展的要求，也使得新西北思想有了新的内容，即用先进的科学技术建设现代化的西北。21世纪的西部大开发是西北现代化建设的进一步延伸，是民国时期新西北思想的进一步践行和完善。在新的历史条件和新的发展机遇中，西部大开发将不断地体现出时代特色。

参考文献

(一)主要报刊

新西北(上海)

新西北(河南)

新西北月刊

西北研究

西北论衡

西北晨钟

新宁夏

(二)主要论文

郭维屏.新西北创刊词.新西北创刊号,1932

张云伏.西北人对于西北的责任.新西北创刊号(上海),1932

马鹤天.开发西北之交通问题.新西北创刊号,1932

田炯锦.开发西北声中西北居民应有之努力.新西北创刊号(上海),1932

康天国.西北应设立一国立大学.新西北创刊号,1932

杨作荣.甘肃政治建设之途径.新西北创刊号(上海),1932

刘汝璠.开发西北之先决问题.新西北创刊号(上海),1932

康问之.由自然环境于国家与民族说到西北文化落后之原因.新西北创刊号(上海),1932

云　青.开发西北之先决问题.新西北(上海),1932,1(3、4合)

马鹤天.开发西北之两大问题.新西北(上海),1932,1(3、4合)

郭维屏.开发西北谭.新西北(上海),1932,1(3、4合)
刘传中.西北的青年应该怎样.新西北(上海),1932,1(3、4合)
何景元.西北问题的严重性.新西北(上海),1932,1(3、4合)
李柏青.西北青年今后应负的责任.新西北(上海),1932,1(3、4合)
宾三.汽车和飞机对于西北贡献之商榷.新西北,1932,1(3、4合)
邹次硕.开发西北之重要与前提.新西北创刊号(河南),1933
赵三纲.开发西北之重大性.新西北创刊号(河南),1933
张子清.开发西北中的教育问题.新西北创刊号(河南),1933
零.为西北开发声中的烦言进一解.新西北创刊号(河南),1933
Finery.Andrew.中国西北死亡的侦察.乔海清译,新西北创刊号(河南),1933
编　者.今日之西北问题.新西北月刊创刊号,1939
朱绍良.甘肃政治之今昔观.新西北月刊创刊号,1939
施奎龄.现阶段的甘肃政治.新西北月刊创刊号,1939
南秉方.西北农业金融之探讨.新西北月刊创刊号,1939
淦克超.建设西北的先决问题.新西北月刊创刊号,1939
郭维屏.西北与中华民族建国.新西北月刊创刊号,1939
邵力子.新西北须由抗战中锻炼出来.新西北月刊创刊号,1939
曾扩情.保卫西北诸问题.新西北月刊创刊号,1939
罗敦伟.西北民众与抗战.新西北月刊创刊号,1939
彭芳草.西北建设与其国际关系.新西北月刊创刊号,1939
杨中坚.新西北的建设与抗战前途.新西北月刊创刊号,1939
刘绍志.开发西北与抗战建国.新西北月刊创刊号,1939
张聿飞.从西北的宗教说到新西北的建立.新西北月刊,1939,1(2)
贺　其.开发西北与地方政治制度之改革.新西北月刊,1939,1(3)
陆殿扬.推进西北教育的根本计划.新西北月刊,1939,1(3)
童蒙圣.西北的政治建设.新西北月刊,1939,1(3)

董汝舟.战时西北建设之基本原则.新西北月刊,1939,1(3)
编　者.正确认识西北经济建设问题.新西北月刊,1939,1(5)
淦克超.西北经济建设之途径.新西北月刊,1939,1(5、6合)
马次伯.回族与回教辨.新西北月刊,1940,3(3)
宋希尚.西北公路建设概说.新西北月刊,1941,4(4)
马鹤天.抗战三年与边疆. 新西北月刊,1941,4(1)
赵云梦.西北土壤肥力之初步研究.新西北月刊,1941,4(1)
李丛泌.西北农业概观.新西北月刊,1941,4(5):22～35
曾济宽.西北地方应积极提倡森林副业.新西北月刊,1941,4(4)
曾济宽.如何发展西北农业生产.新西北月刊,1941,4(1)
马鹤天.中国少数民族问题与中国国民党政策.新西北月刊,1941,4(6):44～48
张馥葶.论西北农业教育建设之重要.新西北月刊,1944,(7、8合)
杜学知.西北文化建设刍议.新西北月刊,1944,7(4)
边理庭.论西北文化之改造.新西北月刊,1945,8(1、2、3合)
刘友琛.西北经济建设之重要.西北晨钟,1941,2(1)
莫　外.发展西北交通的重要性.西北论衡,1939,7(14)
毅　人. 西北的范畴与亟应纠正对西北的几个观念. 西北论衡,1939,7(21)
汪万春.西北农村经济的调整与建设新西北运动.西北论衡,1939,7(22)
马鹤天.抗战建国与西北边疆.西北论衡,1940,8(1)
陈希豪.伟大的西北.西北论衡,1939,8(2)
姚福泽.西北垦殖问题商榷.西北论衡,1939,8(2)
史念海.西北民族问题与宗教.西北论衡,1940,8(3、4合)
刘熹亭.建设西北先要确定两个观念.西北论衡,1940,8(12、13合)
怎样提高西北各省的文化水准.西北论衡,1941,9(3)
刘兴朝.抗战时期之西北林业.西北论衡,1941,9(8)

周介康.西北的垦牧问题.西北论衡,1941,9(11)
郭维民.边疆人口减少之原因.西北论衡,1942,10(5)
徐东济.边疆与边疆问题.西北论衡,1942,10(6)
冯绳武."西北"释义. 西北论衡,1943,11(2)
李仲连.西北畜牧事业的前途.西北论衡,1942,11(2)
王绥之.从文化史上来论西北的地位.西北论衡,1944,12(5)
周　焕.西北政治建设问题.西北研究,1939(25)
章云保.建设中的青海.西北研究,1939(25)
周心万.对于造林运动的两个意见.西北研究,1939(25)
张宗荫.抗战期中建筑西北铁路之重要.西北研究,1940(7)
张君俊.西安建都与国防建设.西北研究,1940,3(8)
江世义.赶筑西北铁路之重要性.西北研究,1940,3(8)
黎小苏.西北经济地理环境之特殊性.西北研究,1941,4(6)
葛承绪.在国防建设中促成西北与西南的平衡发展.西北研究,1941,4(6)
武　彝.建设西北的首要问题.西北研究,1941,4(6)
罗述灿.宁夏教育概述.西北研究,1942,5(4)
王德崇.西北人民品质特性之检讨.西北研究,1942,5(8)
蒋啸青.十年来建设西北问题之轮廓.西北研究,1942,5(8)
马鹤天.抗战以来边疆施政纲要的检讨.西北研究,1943,6(1)
拓国柱.西北建设问题研究.西北研究,1943,6(1)
张道藩.为什么我们要开发西北.西北研究,1943,6(2)
翁文灏.西北经济的前途.西北研究,1943,6(2)
吴稚晖.开发西北.西北研究,1943,6(2)
蒋啸青.献给开发西北者的管见.西北研究,1943,6(3)
李之璞.西北教育的再检讨.西北研究,1943,6(3)
蒲　宁.论西北文化.西北研究,1943,6(5、6合)
亦　人.概论西北农业.西北研究,1943,6(7、8合)

王劲草.建设西北与中国前途.西北研究,1943,6(9、10合)

宗玉梅.20世纪30年代报刊媒介与西北开发.史学月刊,2003(5)

杨丽萍.1927—1937年知识分子开发西北的主张.青海社会科学,2003(3)

尚季芳.试论国民政府时期开发西北的思想主张.青海民族研究,2003(3)

刘　进.抗战前开发西北思潮中的民族与宗教问题.甘肃社会科学,2002(5)

杨才林.20世纪中国西北开发思想的比较.甘肃社会科学,2006(4)

赵　珍.近代西北开发的理论构想和实践反差评估.西北师大学报(社科版),2003(1)

贾晓慧,华道云.《大公报》与20世纪30年代西北开发.西北工业大学学报(社科版),2002(2)

沈社荣.国民政府与开发西北.固原师专学报,1994(3)

葛　飞.国难声中的西北开发.中州学刊,2001(1)

王荣华.抗战前到抗战时期国民政府开发西北动机的转变.固原师专学报,2004(1)

王荣华.国民政府时期的西北考察活动与西北开发.宁夏大学学报(社科版),2005(5)

谭　刚.抗战前的"移民开发西北"思潮.青海社会科学,2004(1)

周存君.抗战前国民政府西北开发中的社会动员与民间反应.怀化学院学报,2008(5)

(三)主要参考书目

程　霖,王　昉,张　薇.中国近代开发西部的思想与政策研究(1840—1949).上海:上海人民出版社,2007

马振犊主编.抗战时期西部开发档案史料选编.北京:中国社会科学出版社,2009

魏永理主编.中国西北近代开发史.兰州:甘肃人民出版社,1993

田　澍主编.西北开发史研究.北京:中国社会科学出版社,2007

陈秉渊.马步芳家族统治青海四十年.西宁:青海人民出版社,1981

杨建新主编. 中国西北少数民族通史(民国卷).北京:民族出版社,2009

[美]林毓生.中国意识的危机——五四时期激烈的反传统主义.穆善培译.贵阳:贵州人民出版社,1986

汪受宽.西部大开发的历史反思.兰州:兰州大学出版社,2009

李泽厚.中国现代思想史论.北京:人民出版社,1981

许纪霖,陈达凯主编.中国现代化史(1800—1949)一卷.上海:上海三联书店,1996

赵立彬. 民族立场与现代追求——20 世纪 20—40 年代的全盘西化.北京:生活·读书·新知三联书店,2005

胡　建.现代性价值的近代追索——中国近代的现代化思想史.上海:上海人民出版社,2008

闾小波.中国早期现代化中的传播媒介.上海:上海三联书店,1995

张宪文主编.国民政府与中国社会转型.南京:南京大学出版社,2011

殷海光.中国文化的展望.上海:上海三联书店,2009

张　灏,张忠修编.中国近代开发西北文论选.兰州:兰州大学出版社,1987

后　记

本书的基础为博士论文。论文就要付印了，内心感慨颇多。

时间过得很快，转眼我到医科大学已经是第四年了。在这四年里，我努力学习，不断充实自己，使自己成为一名合格的老师。在这里，我收获了更多的知识，结识了新朋友，这让我的生命多了别样的风采。在未来生活和工作的道路上，我将努力披荆斩棘，实现自己的人生价值，体现自己的社会价值。

感谢宁夏医科大学对本书出版的支持。学校为了让刚刚获得博士学位的老师能够尽快而无顾虑地从事科学研究，设立了特殊人才启动项目的激励政策。我就是这一政策的受益者，不仅使本书能够顺利出版，而且激励我在学术的道路上潜心研究，探索未知，也使我对未来的科研充满了信心。

霍维洮先生是我的博士生导师，在三年的学习之中，我的灵感来自于与他的幽默的交谈时，来自于他提问中所蕴含的理论深度的思考时，于无形之中完善了我的论文，使我在学术研究方面受益匪浅。

刘志虎先生是我大学时代的老师，也是我攻读硕士研究生和博士研究生的老师。刘老师学识渊博，思维敏捷，为人正直、无私，对我论文的选题、结构、写作方面给予了无私帮助和悉心指导。老师的道德人品、学问文章，我耳濡目染，受益匪浅。

静下心来思索，尤其感谢我的老公王瑞，他是我生活的伴侣、灵魂的朋友。没有他的鼓励，我不可能去攻读博士学位，让我在学业上走上更高的台阶；没有他的支持，我不可能走上这条不断提升自己、充实自己的学习之路，使学习成为我终生的追求；没有他的帮助，我更不可能走上讲台，成为一名高校老师，能够在这个平台上体现自己的价值。而我可爱的女儿，我的小棉袄,永远都是我前进的动力和骄傲的资本。

我的爷爷奶奶和父母都是面朝黄土背朝天的农民。为了摆脱这样的身份和这样的生活,我努力追求我向往的生活。回头看自己,我真的感谢他们,给了我向前冲的力量,给了我善良、朴实的能力。